Martina Naubert

Massimiliano - Geheime Rezepte

Alltagstaugliche Kochanleitungen
aus der Feder eines über 2000Jahre alten Chefkochs aus Italien

„Es gibt ein unfehlbares Rezept,
eine Sache gerecht unter zwei Menschen aufzuteilen:
Einer von ihnen darf die Portionen bestimmen,
und der andere hat die Wahl."

(Gustav Stresemann, 1878-1929)

Autorin

Martina Naubert wurde in Kanada geboren, wuchs in Neumarkt i.d. Oberpfalz auf und lebt heute mit Ihrer Familie in Bologna in Italien. Sie ist die geistige Mutter der Fantasiefigur des alten italienischen Katers Massimiliano, der ein großer Koch ist. Kochen und gute Ernährung sind u.a. auch zwei ihrer Leidenschaften. Sie ist ständig auf der Suche nach neuen Ideen aus den Küchen aller Länder. Darüber hinaus absolvierte sie fünf Jahre eine Ausbildung in Transaktionsanalyse, und schloss diese mit der Praxiskompetenz der DGTA ab. Sie arbeitete über 25 Jahre als Beraterin und Management Trainerin, zuletzt in verantwortlicher Position als Personal- und Geschäftsführerin in einem mittelständischen Unternehmen in Italien. Deshalb ist ihr Blick auf Rezepte auch immer verbunden mit einem alltagstauglichen Anspruch.

Massimiliano und dieses Buch

Für den Fall, dass du mich noch nicht kennen solltest: Ich heiße Massimiliano und bin ein 2000Jahre alter Penato, ein sehr alter, römischer Hausgeist sozusagen. Nun gut, ich sehe aus wie ein Kater, aber das zu erklären führt hier zu weit. Ihr könnt aber alles über mich und meine Abenteuer in meinen drei Büchern lesen.[1]

Als Penato verantwortlich für alles, was meine Familie nährt - so will es die Tradition - ist es nicht weiter verwunderlich, dass ich mich zu einem großen Koch entwickelt habe. Ich will mich nicht rühmen, aber die Jahre der Erfahrung lügen nicht. Lisa und Marco, meine Familie, wollten zunächst nicht daran glauben, dass ich als Hausgeist in der Lage bin, ein Buch zu schreiben. Aber, wie man in diesem Kochbuch sieht und im dritten Teil meiner Geschichte nachlesen kann, bin ich dazu sehr wohl fähig.

Diese Rezepte sind mediterran, außerordentlich lecker, gesund und vor allen Dingen einfach zuzubereiten. Manche mögen dir auf den ersten Blick aufwendig erscheinen, aber du wirst sehen, wenn du sie einmal zubereitet hast, sind sie durchaus für den Alltag geeignet. Du wirst jedenfalls immer Lob einheimsen, das kann ich dir garantieren. Aber nicht weitersagen! Das muss unter uns bleiben.

Hier ist also mein alltagstaugliches Kochbuch aus Italien mit kombinierbaren, schmackhaften Rezepten für dein ganz persönliches Menü, und dabei auch noch unterhaltend zu lesen. In diesem Kochbuch kommt es nicht auf tolle Abbildungen an, sondern auf das, was ich Dir erzähle. Ich habe es bewusst praktisch gestaltet. Das, was du siehst, ist das, was du bekommen wirst, wenn du meinen Anleitungen folgst. Nicht mehr und nicht weniger.

---

[1] Das Vermächtnis des Penato

Printed and published by BoD – Books on Demand, Norderstedt

ISBN: 9783754300930

Inhalt

Ich stelle mich kurz vor, ...11

Wie du mit diesem Kochbuch arbeiten kannst.......................13

Wie der Tisch grundsätzlich gedeckt sein sollte 20

Allgemeine Rezepte rund um das Menü.................................23

    Das Geheimnis aller guten Rezepte: 24
    Chili-Salz – Sale con peperoncino 26
    Fiocchi di cavolo - Kohl-Flocken 27
    Fiocchi di limone/arrangia 29
    Olio piccante 32
    Salamoia Bolognese 34
    Mostarda Mantovana 36
    Tortini di farro - Brötchen 39
    Pane integrale - Vollkornbrot 42

Antipasti 45

    Prosecco con fragola ghiacciata 46
    Antipasto Tricolore 49
    Fagiolini verde - grüne Bohnen......................................52
    Bruschette Pesto Pomodoro 55
    Zucchine Streifen 58
    Carciofi - Artischocken Antipasto 61
    Insalata spinaci - Spinatsalat 64
    Carpaccio pere - Birnen Carpaccio 67
    Insalata di farro - Dinkelsalat...70
    Altri Antipasti - Weitere Antipasti...................................73

Primo – Erster Gang...74

    Grundrezept für hausgemachte Pasta 86
    Grundrezept für hausgemachte Gnocchi 88
    Spaghetti Massimiliano 91
    Spaghetti integrale pesto 95
    Linguine estive piccante...98

Tagliolini al limone 101
Farfalle al salmone 104
Rigatoni tonno pomodoro 107
Strozzapreti tricolore 110
Pici Cacio e Pepe 113
Ravioli con asparagi...116
Tagliatelle farro con funghi 120
Risotto alla pilota 124
Risotto al radicchio 127
Risotto integrale al finocchio 129
Risotto di asparagi 132
Bis risotto basmati 135
Gnocchi ai carciofi e pecorino 138
Gnocchi al radicchio e camembert.......................................142
Vellutata di patata 145
Gazpacho freddo 148
Altri Primi - Weitere erste Gänge 151

Secondo – Zweiter Gang..152
Taccino alla Salvia 154
Pollo al limone e prosecco 157
Pollo all'albicocca 161
Torta Salata..164
Torta di patate 167
Scaloppine all'arrangia 169
Branzino al limone su porro 172
Salmone croccante 175
Polpette di ricotta al sugo 177
Zucca con Gorgonzola 181
Altri Secondi - Weitere zweite Gänge 184

Contorni – Beilagen 185
Finocchi...186
Fette di Melanzane..188
Radicchio essiccato 191
Pomodori gratinati 193
Pomodorini al rosmarino 195

Melanzane al pomodoro 197
Melanzane al forno 199
Zucchine 201
Buccia di patata fritte..203
Peperoni all'olio basilico 205
Altri Contorni - Weitere Beilagen......................................208

Dolce – Dessert 209

Salame di cioccolato 210
Isola Galleggiante 213
Torta di mela 216
Torta di limone 219
Torta chioccolata senza farina 221
Sbrisolona 224
Pere croccante al forno 227
Crema della nonna...229
Budino freddo al caffè 232
Altri Dolci - Weitere Desserts 235

Nachwort..237

Martina Naubert

Massimiliano - Geheime Rezepte

Alltagstaugliche Kochanleitungen aus der Feder
eines über 2000Jahre alten Chefkochs aus Italien

Ich stelle mich kurz vor, damit du weißt, mit wem du es zu tun hast

Du kennst mich nicht? Dann bist du möglicherweise jetzt irritiert: Ein Kater? In der Küche? Ernsthaft?

Nun ja. Ich sehe zwar aus wie ein Kater, das mag sein, aber ich *bin* keine Katze! Mein Name ist Massimiliano und ich bin ein Penato[2], also ein alter römischer Hausgeist. Du kannst gerne im Lexikon nachlesen, wenn du mir nicht glaubst. Uns Penaten gibt, beziehungsweise gab es wirklich. Mich jedenfalls, gibt es noch. Ich bin ein alter Nachfahre dieser Dynastie und lebe - natürlich - in Italien.

---

[2] Die Penaten waren in der Religion der alten Römer die Schutzgötter der Vorräte. Sie gehörten zu den privaten Schutzgöttern eines Haushalts und waren eine Besonderheit der römischen Religion. Zusammen mit anderen Göttern schützen sie die Familie und deren Haushalt. Die Penaten waren für den Herd und die Vorratskammer zuständig. Sie sorgten dafür, dass die kostbare Glut nicht erkaltete, nachts die Ratten nicht an die Speisevorräte gingen, und sie mussten den Koch anregen, etwas Schmackhaftes zu kochen. Da die Penaten die Seelen verstorbener Vorfahren waren, waren sie an ihre Familie gebunden und gingen mit, wenn die Familie umzog. Von Geschlecht und Wesen her unbestimmt traten sie immer zu zweit oder zu dritt auf und teilten ihre Zuständigkeit zwischen Herd, Essen und den Getränken. Der Herd war ihr Altar.

Da ich als Penato die Aufgabe habe, mich um alles zu kümmern, was sich rund um Küche und Ernährung meiner Familie dreht, ich aber keine Familie mehr hatte, habe ich mir die Deutsche Lisa ausgesucht und dafür gesorgt, dass mit ihr wieder eine Familie entstand. Das war ein schönes Stück Arbeit, sag ich dir! Aber das nur am Rande.

Wieso ich es mir erlaube, Dir Ratschläge und ausgesprochen leckere Rezepte zu geben? Das liegt doch auf der Hand! Ich habe 2000 Jahre in Küchen zugebracht. Muss ich dazu wirklich noch mehr sagen?

Wenn ich für Lisa und ihren Freund Marco koche, habe ich immer die Wahl zwischen zwei Möglichkeiten: Entweder wähle ich ein Rezept aus alten römischen Tagen, was zumindest ausgefallen wäre, oder eines, das schnell zubereitet, aber überraschend begeisternd ist. Es erübrigt sich zu erklären, welche Variante ich wähle. Schweineeuter, eine äußerst beliebte Speise im Römischen Imperium, ruft heute leider wenig Beifall hervor. Der Geschmack ändert sich im Lauf der Zeit. So ist das eben.

Jedenfalls fände ich es unverantwortlich, wenn nur Lisa und Marco (die beiden sind leider ausgesprochen kochfaul!) dafür verantwortlich blieben, meine Geheimnisse weiterzugeben. Rezepte, die schnell zubereitet, mediterran gesund und vor allen Dingen herausragend köstlich sind! Das sollten mehr Menschen wissen, findest du nicht auch?

Hier also mein Kochbuch, das neben allen anderen Dingen besonders alltagstauglich ist!

So viel zu mir und über dieses Kochbuch. Wenn du mehr über mich wissen willst, kannst du alles nachlesen in der Trilogie „Das Vermächtnis des Penato". Vielleicht sehen wir uns dort ja wieder?

Wie du mit diesem Kochbuch arbeiten kannst

Betrachte dieses Kochbuch als eine Art Baukasten: Du kannst die Rezepte aus dem jeweiligen „Fach" selbst kreativ zusammenstellen und daraus dein individuelles italienisches Menü zubereiten. Freilich sind die Rezepte auch als Hauptessen ohne mehrere Gänge zu verwenden. Und alles ist alltagstauglich, großes Penaten-Ehrenwort! Bei der Menü-Zusammenstellung solltest du nur ein paar Regeln beachten, zu denen wir noch kommen werden.

Manche Rezepte können sowohl als Vorspeise als auch als Hauptgang verwendet werden. Die Rezepte sind in die fünf klassischen Gänge eines italienischen Menüs eingeteilt. Die fünf Gänge bestehen aus:

Antipasto (Vorspeise oder Aperitif)
Primo (erster Gang, Nudel- oder Reisgerichte, Suppen)
Secondo (zweiter Gang, Fisch oder Fleisch mit Beilagen, Vegetarisches)
Dolce (Dessert)
Caffè (Espresso) und/oder *digestivo* (Verdauungsschnaps).

Das gilt sowohl für das *pranzo* (Mittagessen) als auch für *la cena* (Abendessen). Und nun rücke ich das weitverbreitete Neid-Klischee, dass Italiener so viel essen können und dennoch schlank bleiben, ein wenig ins rechte Licht. Abgesehen davon nämlich, dass die meisten Gerichte mediterran leicht sind und schon deshalb weniger auf die Hüften schlagen, bei einem Menü sind die einzelnen Portionen immer etwas kleiner. Denn sonst schafft man die vielen Gänge ja nicht! Auch Italiener nicht.

Außerdem genießt man ein komplettes Menü meist nur an Sonn- und Feiertagen. Dann aber ausgiebig! So ein Essen kann sich gut über drei bis vier Stunden hinziehen, denn dabei ist die Konversation ein erheblicher Bestandteil. Je mehr Personen dabei am Tisch sitzen, umso besser.

Zwischen den Gängen lässt man großzügig Raum. Das dient also nicht nur dem Magen, der damit Zeit hat zu arbeiten, sondern vor allen Dingen der Unterhaltung. Ein solches Zusammenkommen ist eine kulturelle Betätigung. Lass dir mal schildern, wie ein perfekter Sonntag in Italien abläuft. Vielleicht kann ich dich animieren, diese Qualität in dein Leben aufzunehmen? Doch, doch! Das hat was.

- o Man schläft ein bisschen aus.

- o Die Sonne scheint – klar (ich sehe ein, der Teil ist in Deutschland vielleicht etwas schwierig).

- o Der obligatorische Besuch in der Bar für Cappuccino und *pasto*[3] ist das erste gesellschaftliche Event des Tages. Oft geht die ganze Familie und trifft dort Nachbarn. Man bespricht die letzten Neuigkeiten der Nachrichten des Tags zuvor oder den bevorstehenden Urlaub am Meer oder in den Bergen, oder …

- o Ein vorheriger Anruf bei anderen Familienmitgliedern und/oder Freunden hat genügt, um kurzfristig für mittags ein gemeinsames Essen zu verabreden. Heutzutage oft im Restaurant. Man reserviert einen Tisch.

- o Fröhliches Treffen am Tisch.

- o Getränke werden zügig bestellt, Brot und *Grissini* geknabbert, erste Krümel über die frische Tischdecke verstreut, die Speisekarten studiert, Neuigkeiten ausgetauscht.

- o Jeder stellt sich sein eigenes Menü zusammen, es sei denn, der Kellner überzeugt mit einem besonderen Angebot des Tages oder man entscheidet sich für Gerichte für mehrere Personen. Das System kennst du jetzt.

- o Antipasti werden mit einem Aperitif serviert. Man plaudert locker, ist schon nicht mehr so hungrig und kann sich deshalb gut auf das Gespräch konzentrieren.

---

[3] Hörnchen, Croissant, süß oder salzig

o Das Gespräch landet schnell bei Politik. Italiener sind sehr politische Menschen, wobei es dabei häufig um Personen geht, weniger um die Sache. Auf diese Weise ist das ein emotional ergiebiges Tischthema und manchmal ist die Diskussion auch gerne polemisch und der Kellner redet dabei auch noch mit. Unterdessen kommt mittlerweile der erste Gang.

o Sehr zu meinem persönlichen Leidwesen – aber wen interessiert schon ein Kater; mich, den Penato sieht ja keiner! – läuft dazu im Hintergrund oft der Fernseher. Dort werden dann ebenso heftige Diskussionen geführt, denen jedoch kaum einer lauscht. Das ist sozusagen die Hintergrund-Geräusch-Kulisse, die für Italiener Lebendigkeit darstellt.

o Die Speisen werden selbstverständlich kommentiert. Lob oder Kritik werden auch dem Kellner mitgeteilt. Schlechtes Essen wird sofort moniert, freundlich, aber deutlich. Das wagt in Italien auch kaum ein Restaurant, jedenfalls keines, in dem Einheimische verkehren.

o Nicht selten laufen mehrere Gespräche gleichzeitig, werden diagonal über den Tisch, auch über Kreuz geführt. Was Deutsche in den Wahnsinn treiben würde, genießen Italiener. Allerdings gilt auch in Italien: Tischgespräche der gebildeten Leute bleiben auf moderater Lautstärke. Allzu laute Tische werden als *maleducato*[4] bezeichnet.

o Mittlerweile sind mindestens eineinhalb Stunden vergangen. Die Teller des ersten Gangs werden abgeräumt. Es vergehen bestimmt zwanzig Minuten, bis die neuen Teller kommen. Das stört auch niemanden, denn man ist mitten im Gespräch.

o Da man durch Antipasti und *primo* den ersten Hunger gestillt hat, aber noch Platz im Magen ist, weil die Portionen ja kleiner sind, kann man sich nun voll und ganz auf den Geschmack des *Secondo* konzentrieren. Man genießt also. Und auch der Wein dient nicht dem Durst - dafür steht Wasser auf dem Tisch. Ab

---

[4] Schlechte Erziehung, schlechtes Benehmen

und zu ein Schluck unterstreicht den Geschmack des Hauptgangs.

o Satt. Es sind fast drei Stunden vergangen.

o Oft wählt man das Dessert erst an dieser Stelle. Vorher weiß man einfach nicht, worauf man noch Appetit hat. Das kommt in der Regel jetzt zügiger, denn auch das Restaurant will irgendwann in die Pause gehen, bevor die Abendrunde beginnt.

o Ich werde später bei den Regeln für das Menü nochmals ausführlich darauf eingehen. An dieser Stelle sei nur so viel gesagt: *caffè* nach dem Menü ist ein Espresso, <u>nichts</u> anderes.

o Es bezahlt meistens nur einer. Getrennte Rechnungen, das machen Italiener vielleicht in einer Pizzeria, aber weniger bei so einem Treffen. Das wird pragmatisch gehandhabt: Einmal zahlt der, das nächste Mal der andere. Basta. Funktioniert auch.

o Übrigens: Trinkgeld wird in Italien eher nicht gegeben, es sei denn, man war ganz außerordentlich zufrieden. In der Regel bezahlt man nämlich pro Person ein sogenanntes *coperto*[5]. Das beinhaltet Gedeck, Grissini, Brot, Öl und den Service. Wasser allerdings muss bestellt und bezahlt werden, auch, wenn es stilles Wasser ist, das theoretisch aus der Leitung kommen könnte (was es jedoch niemals tut, denn es ist abgefülltes Wasser, häufig mit noblem Namen).

o Noch ein Übrigens: Restaurantbesitzer und Kellner ist in Italien ein angesehener Beruf und eine stolze Gilde. Niemand würde auf die Idee kommen, einen Kellner mit „Bedienung" herbeizuwinken. Die nehmen so etwas auch sehr übel.

o Die Sonne scheint noch immer.

o Jetzt ist der perfekte Moment für einen Spaziergang. Das ist häufig ein Bummeln entlang der Uferpromenaden eines Sees oder eines Meeres, oder einer Einkaufsstraße mit Modegeschäften. Dabei flaniert man und erweckt selbst den Eindruck

---

[5] Ital. Gedeck

auf dem Laufsteg zu sein. Andere sitzen in Cafés und betrachten auch die Aufmachung der Vorbeischlendernden.

o Danach ist es Zeit für einen Aperitif. In einer Bar nimmt man einen Campari oder einen Spritz zu sich, knabbert dabei ein paar Häppchen und lässt den Tag ausklingen. Ein größeres Abendessen entfällt.

An normalen Arbeitstagen reduziert man auch in Italien die Gänge auf zwei, manchmal sogar nur einen, wobei die Zusammenstellung sehr kreativ gehandhabt wird. Alles ist erlaubt: Antipasto mit erstem Gang, Antipasto mit zweitem Gang, erster und zweiter Gang ohne Dessert, erster Gang mit Dessert, usw. Der Espresso zum Schluss wird allerdings selten weggelassen. Man bekommt heute in Italien überall auch sehr wohlschmeckende entkoffeinierte *espressi*. Niemand muss darauf verzichten. Kein Thema.

Ich habe mich ein wenig verleiten lassen zu erzählen … Doch nun endlich zu dir und wie du mit diesem Buch arbeiten kannst.

Mit derselben Logik wollen wir in diesem Buch vorgehen. Wie bereits erwähnt, solltest du bei der Zusammenstellung deines Menüs dennoch ein paar Regeln beachten, schließlich wirst du von mir in 2000 Jahre Küchen-Erfahrung eingeweiht. Also, *ascolta!*[6]

1. Ein Fisch-Menü bleibt ein Fisch-Menü! Wenn du ein Antipasto oder ein *primo* mit Fisch wählst, sollte auch das *secondo* Fisch sein. Fisch und Fleisch zu mischen … mir stellen sich die Fellhaare auf! Bloß nicht!

2. Die grundsätzliche Ausrichtung der Speisen sollte geschmacklich aufeinander abgestimmt sein. Zum Beispiel solltest du nicht die zwei Grund-Geschmacksrichtungen „mild" (kann auch süßlich-pikant sein) und „herzhaft" mischen. Deshalb sind alle Rezepte damit gekennzeichnet.

---

[6] Ital: hör zu!

3. Bei der Wahl der Getränke gelten auch in Italien die allgemein bekannten Regeln: Weißwein zu Fisch und Geflügel, rot zu dunklem Fleisch, Rosé trinkt man eher im Sommer und wird wie Weißwein gehandhabt. Prosecco ist ein Aperitif und wird nicht zum Menü getrunken. Süßer Prosecco oder süßer Wein wird zum Dessert gereicht. Bier begleitet in der Regel die Pizza. Die Italiener sind aber in der Handhabung dieser Regeln sehr tolerant: Getrunken wird, was schmeckt. Auch *vini frizzante* (prickelnde Weine, wie der weiße *Pignoletto* oder roter trockner *Lambrusco,* beide Weine sehr kalt getrunken) erfreuen sich regional großer Beliebtheit, besonders im Sommer.

4. Mit Gewürzen wird sparsam umgegangen. Der Geschmack kommt von der guten Qualität der Lebensmittel. Deren Eigengeschmack steht im Vordergrund. Hier verrate ich dir ein wichtiges Geheimnis: Ein Gewürz darf nicht zudecken, sondern muss das ursprüngliche Aroma des Nahrungsmittels unterstreichen.

5. Auf einem Teller sollten nie mehr als zwei verschiedene Dinge liegen. Also, zum Beispiel: Fleisch und ein bis zwei Arten von Gemüse, wobei - nebenbei bemerkt - auch Kartoffeln als solches betrachtet werden. Weniger ist mehr! Ein Teller mit Fleisch, Kartoffeln, Reis, Gemüse, alles überbacken mit Käse oder zugedeckt mit Sauce, das ist ein Anblick, bei dem jedem Italiener der Appetit vergeht. Das zu vermeiden bedeutet nicht, dass ich ein Anhänger hochnäsiger „Haute Cuisine" bin, bei der das Auge isst, aber leider auch nur das Auge. Jupiter behüte! Die Portion muss so sein, dass du gut satt wirst, der Teller aber trotzdem appetitlich aussieht.

6. Der Nachtisch sollte leicht sein, wenn die Speisen zuvor etwas üppiger waren. Umgekehrt darf das *dolce* üppig sein, wenn die Gänge vorher leicht waren. Das scheint auf den ersten Blick nicht so schwierig. Aber manchmal ist es

geradezu fellsträubend welche Abfolgen einem Gast zu-
gemutet werden!

7. Cappuccino nach dem Menü ist ein Frevel! Ich hoffe ja
    sehr, dass du nicht auch zu diesen Banausen zählst, die
    nach einem Fleisch- oder gar Fischmenü (!) einen Cappuc-
    cino trinken! Brrrr... wie alle Italiener schüttelt es mich.

Das ist für uns Italiener so, wie für einen Bayern das Essen
von Weißwürsten mit Marmelade (und das um vier Uhr
nachmittags und mit einem Cola), wie für einen Norddeut-
schen der Verzehr eines Matjes mit Ketchup, wie für einen
Franzosen ein frischer Camembert, wie für einen Griechen
eine Hammelkeule ohne Knoblauch und dafür mit Schokolade, wie für einen Engländer ... äh ... naja, du weißt
schon, was ich meine.

Lass es dir erklären: Ein Cappuccino ist ein Milchkaffee.
Und der wird ausschließlich zum Frühstück getrunken und
nur zum Frühstück! Danach trinkt man Espresso. Den allerdings dafür auch gerne entkoffeiniert. So geht das. So,
und nicht anders.

Das nächste Mal in Italien gibt es jetzt also keine Entschul-
digung mehr! Du bist jetzt eingeweiht.

Wie der Tisch grundsätzlich gedeckt sein sollte

Viel zu aufwendig für jeden Tag, wirst du vielleicht sagen.

Da muss ich dir leider widersprechen. Ist es nämlich gar nicht! Es ist eher eine Frage der Gewohnheit. Wenn du dir erst mal ein paar unempfindliche Tischdecken zugelegt hast - bitte kein Plastik! Da vergeht aber auch jedem der Appetit! - und Brot und Salz/Pfeffer, Olivenöl und Balsamico/Essig als Standard griffbereit in der Nähe des Tisches hältst, ist es eine Sache von wenigen Handgriffen den Tisch so zu decken. Das verleiht deinem Essen Würde!

Du kannst froh sein, dass man heute bei Tisch nicht mehr liegt! Das musste ich nämlich lange Zeit während des Römischen Reiches gemeinsam mit den *Laren*[7] immer organisieren. *Das* war aufwendig, kann ich dir sagen … Damals trug man bei Tisch spezielle bequeme Kleidung und gespeist wurde in einem ausdrücklichen Esszimmer. Hier lag man bei Tisch auf einem speziellen

---

[7] Die *Lares Familiares* waren gemeinsam mit den Penaten die Schutzgeister der Familie und symbolisierten den Haushalt. Sie wurden mit den vergöttlichten Seelen der verstorbenen Vorfahren gleichgesetzt. Sie wurden bei allen Familienfesten verehrt und begleiteten die Familie, wenn diese fortzog. Der Kult geht wohl auf urzeitliche Hausbestattungen zurück. Laren und Penaten haben jeweils klar zugewiesene Aufgaben.

Speisesofa. Um den Tisch, die *mensa* - daher stammt dieses Wort - wurden drei dieser Chaise-Longe hufeisenförmig aufgestellt. Maximal drei Personen, und vor der Kaiserzeit ausschließlich Männer. Was soll ich sagen? Diese Vor*herr*schaft hielt so lange an, wie ich denken kann. Die Köpfe mussten dabei dem Tisch zugewandt sein, der linke Ellenbogen auf einem Kissen lasten und die Füße an der Außenseite des Speisesofas aufliegen. Auf diese Weise konnten höchstens neun Personen an einem Tisch gemeinsam essen und wenn es mehr waren, mussten wir uns etwas einfallen lassen. Die sittsame Dame des Hauses oder weitere Gäste sowie die Gefolgschaft mussten auf Stühlen sitzen, Sklaven oft sogar die ganze Zeit stehen. Lange her ... jedenfalls musste ich das alles berücksichtigen, um den Tisch zu decken. Also, keine Ausrede mehr! Dagegen ist das heute ein Klacks.

Wie schon erwähnt, ist Essen in Italien ein kommunikativer Vorgang. Und der braucht einen entsprechenden Rahmen. Der Trick dabei ist der: Diese einladende Atmosphäre wertet auch das schlichteste Menü auf zu etwas Besonderem. Damit solltest du arbeiten (-.

Selbst in einfachen Restaurants findet man immer eine saubere Tischdecke mit Servietten, einem Wasser- und einem Weinglas vor. Das Mindeste sind Sets für jeden Platz. Es ist nicht so viel Mehraufwand, aber es schafft eine einladende Stimmung. Und schon ist das einfachste Menü etwas Außergewöhnliches.

Also, für jede italienische Mahlzeit sollte folgendes auf dem Tisch stehen:

- o Ein Krug oder eine Flasche frisches Trinkwasser
- o Guter Wein
- o Salz (Pfeffer nach Bedarf),
- o Eine dunkle Flasche kaltgepresstes Olivenöl,
- o Balsamico/Essig,
- o Frisches Brot (immer!)

Das hat nicht nur Tradition, sondern ermöglicht jedem Gast, selbst seine Mahlzeit so zu bereichern, wie sie oder er es bevorzugt. Brot wird zu jedem Gericht gegessen, auch zu Pasta und Risotto.

Allgemeine Rezepte rund um das Menü

Was ist das denn, wirst du nun denken.
Was sind denn bitte Rezepte *rund* um ein Menü?

Ganz einfach. Hier findest du Rezepte für Brot oder Gewürze, Tipps und Tricks für die Herstellung von Grundlagendingen, die dir bei der Zubereitung der Speisen später sehr dienlich sein werden.

Freilich ist es kein MUSS, dass du erst alle diese Sachen herstellst, bevor du zu kochen beginnst. Da könnte dir ja die Lust dazu schon jetzt vergehen.

Aber diese Dinge sind in der Regel schnell gemacht, lange haltbar und eine clevere Unterstützung beim Kochen. Ich glaube kaum, dass mir die großen Küchenchefs der heutigen Sterneelite da widersprechen werden:

Jeder große Koch hat da so seine kleinen Geheimnisse. Warum wohl?

Das Geheimnis aller guten Rezepte:
frische Gewürze

Du hast keinen grünen Daumen?
Zu viel Aufwand?
Trockene Gewürze tun's doch auch?

Papperlapapp!

Ich als Penato sage dir: Das alleine ist die halbe Miete des guten Geschmacks. Und: es braucht nur wenig, um das zu erreichen. Also, folge mir!

Heutzutage kannst du überall kleine Töpfchen mit frischen Gewürzen kaufen. Das war früher anders. Ich musste meine Kräuter noch mühsam aus Samen ziehen, die nur in großer Freundschaft und oft unter der Hand bzw. Pfote weitergereicht wurden. Oder was glaubst du, woher das Basilikum kommt, das du heute so einfach kaufen kannst?

Diese Samen kamen aus dem damaligen Persien über Griechenland ins Römische Reich. Die Perser hatten es vermutlich aus Indien oder Ägypten, so genau weiß ich das auch nicht mehr. Das passierte lang vor meiner Zeit, irgendwann rund 1000 Jahre vor der Geburt dieses Jesus, den ihr alle so verehrt.

Ich musste jedenfalls damals meine Pflanzen hegen und pflegen, damit sie mir ja nicht eingingen, denn sonst wäre die ganze Prozedur von vorne losgegangen. Da hast du es heute wesentlich leichter, pah!

Diese Töpfchen mit frischen Kräutern kannst du so, wie sie sind, auf dein Fensterbrett stellen, wenn du keinen Balkon oder Garten hast. Das sieht doch außerdem sehr hübsch aus. Allerdings muss man sie regelmäßig (aber ja nicht zu viel!) gießen und - ja - hin und wieder erneuern, weil die Pflanzen ohne ausreichend Erde freilich irgendwann eingehen. Das liegt also weder an deinem nicht vorhandenen grünen Daumen, noch an dir.

Das kannst du allerdings vermeiden, indem du sie in einen etwas größeren Topf mit frischer Erde umbettest. Dafür rate ich dir, gute Erde zu kaufen. Billige taugt meiner Erfahrung nach nicht viel.

Doch genug der Worte! Kommen wir zum Wesentlichen: Welche Gewürze brauchst du?

Schnittlauch, Petersilie und Basilikum sind selbstredend. Darüber hinaus sind Rosmarin, Thymian, Salbei, Oregano und ein kleiner Gewürzlorbeer sehr nützlich. Übrigens: Du kannst diese Kräuter sehr leicht selbst ziehen, indem du einen Trieb einfach in die Erde steckst. (-: Und die Samen des Basilikums (falls es blüht), gehen in frischer Erde hervorragend auf. Lorbeerblätter sind darüber hinaus ein verlässliches Mittel gegen Ameisen oder andere Schädlinge in der Küche. Die mögen den Duft nämlich nicht.

Chili-Salz –
Sale con peperoncino

Zutaten:

Grobes Meersalz
Mittelscharfe Chiliflocken

Dieses Gemisch griffbereit neben dem Herd ist wichtig, denn für jedes Nudelgericht geht davon eine kleine Pfotevoll ins Wasser. Keine Angst, das Gericht wird nicht scharf, es gibt ihm aber eine bestimmte Note.

Fiocchi di cavolo –
Kohl-Flocken

Zutaten:

8 – 10 Blätter eines Spitz-, Jaroma- oder Deaflorakohl (eine Sorte mit weicheren Blättern)

Dieses Gewürz ist nun wahrlich ein hausgemachtes Geheimnis, von mir, dem Penato. Du wirst es nirgends zu kaufen finden. Es hat einen intensiven würzigen Duft und jeder wird dich fragen: Was ist das?

Ein paar Flocken über bestimmte Gemüsesorten, über Salat oder in die Suppe geben dem Gericht eine aromatische Note. Auch in manchen Fleisch- oder Fisch-Saucen wirkt es herrlich geschmacksverstärkend.

Zubereitung:

Die äußeren Blätter des Kohlkopfes entfernen. 8-10 Blätter als Ganzes abschälen. Den härteren Blattstamm herausschneiden. Die Blätter auf ein Blech mit Backpapier legen.

Bei 50 Grad ca. 30 Minuten trocknen, bis die Blätter trocken wie Papier sind, jedoch noch die grüne Farbe aufweisen.

In einer großen Schüssel mit den Fingern zerbröseln und in einem luftdichten Behälter aufbewahren.

Das ist schon alles.

Fiocchi di limone/arancia – Zitronen/Orangenflocken

Zutaten:

8-10 ungespritzte (!) Zitronen / Orangen
Etwas Zeit

Was ich dazu noch sagen wollte …

Wozu das nun, wirst du denken. Ganz einfach: Ich selbst habe die Erfahrung gemacht - moderne Zeiten! - ich sage es ja immer wieder - dass es manchmal nicht ganz einfach ist, ungespritzte Zitrusfrüchte zu finden. Die sind in meiner Küche aber nun mal *imprescindibile!*[8]

Das kommt daher, dass es damals, als ich noch in Pompeji gelebt habe - also wirklich sehr lange zurück, vor dem Vulkanausbruch -

---

[8] Ital. unabdingbar

dass es dort jede Menge Zitronen- und Orangenbäume in und vor der Stadt gab. Man hat also viele Rezepte auf Basis dieser Zutat entwickelt, weil man quasi nur die Pfote ausstrecken musste und eine frische Zitrone oder Orange fiel hinein. Naja, so ungefähr. Und vor dem Ausbruch des Vesuvs jedenfalls. Danach ... es ist ja bekannt, was danach war.

Auf jeden Fall muss man sich etwas einfallen lassen, wenn man nicht in Pompeji oder in einer Region lebt, wo einem die ungespritzten Zitrusfrüchte in den Schoß fallen. Und da ich davon ausgehe, dass auch du nicht in so einer Gegend wohnst, ist dieses Rezept für dich sehr nützlich.

Du kannst diese getrockneten Flocken immer dann einsetzen, wenn du gerade keine frische Frucht zur Hand hast. Diese Flocken sind sehr vielseitig. Nicht nur zum Kochen und Backen kannst du sie verwenden, sie eignen sich auch, um sie als Tee aufzubrühen. Ganz nebenbei fallen bei der Herstellung auch noch andere nützliche Produkte an.

Zubereitung:

Die ist denkbar einfach.

Die Früchte waschen, klar, auch, wenn sie nicht gespritzt sind. Du willst ja nicht, was immer daran klebt, in deinen Speisen haben.

Gut trocknen und die Schale dann vorsichtig abreiben. Dabei solltest du darauf achten, den weichen, weißen Teil der Schale nicht zu erwischen. Der schmeckt bitter. Außerdem kannst du die Frucht mit dieser weißen Schale noch ein wenig aufheben und ganz normal verspeisen.

Die Flocken auf einem Backpapier gut verteilen und trocken lassen. Das kannst du in der Sonne, auf dem Heizkörper oder auch im Backofen bei niedrigster (!) Temperatur tun (sonst verlieren sie die frische Farbe).

Die getrockneten Flocken bewahrst du in einem trockenen Glas mit luftdichtem Deckel dunkel auf.

Kurz vor Verwendung zerreibst du die Flocken in einem Mörser zu Pulver. So kommt das frische Aroma erst wirklich für das jeweilige Rezept heraus und verflüchtigt sich nicht vorher.

Den Saft der Zitronen auspressen, von den Kernen befreien und in Eiswürfel gefrieren. Der so portionierte Saft kann außer für Limonade nach Bedarf verarbeitet werden. Jedenfalls so lange alle in deinem Haushalt darüber Bescheid wissen und nicht, wie Marco es einmal getan hat, diese Saftwürfel achtlos als kühlende Auflage für seinen Kater (nein, damit bin nicht ich gemeint!) verwendet hat.

Die weiße, weiche Schale der Früchte in kleine Würfel schneiden und ebenfalls trocknen. Das ergibt einen Bio-Dünger für das eigene Zitronenbäumchen oder andere südländische Topfpflanzen, direkt in die Erde einarbeiten.

Olio piccante –
Scharfes Olivenöl

Zutaten:

Eine Flasche kalt gepresstes Olivenöl
ganze, getrocknete sehr scharfe Peperoni

Was ich dazu noch sagen wollte …

Banal. Ich weiß. Trotzdem.
So eine Flasche immer griffbereit in Küche und auf dem Tisch stehen zu haben, ist immer gut. Viele Speisen kannst du damit würzen, aber auch dein Gast kann selbst, ganz nach *gusto*[9], seine

---

[9]Ital. Geschmack, Vorliebe

Portion verschärfen. Was das betrifft: die Geschmäcker sind ja verschieden.

Die Peperoni sollten sehr scharf sein, da du so nur sehr wenig Öl brauchst, um eine Speise zu würzen und die Flasche lange Zeit immer wieder mit frischem Öl aufgießen kannst. Pass bloß auf, wenn du die Peperoni in die Flasche gesteckt hast, dass du dir die Pfote wäschst, bevor du damit ins Gesicht oder gar in die Augen fährst! Ich spreche aus Erfahrung. Ich habe einst als unerfahrener Frischling - mir hat das keiner gesagt - tagelang geheult, weil ich das achtlos getan habe. Daher kommt auch der Begriff *Katzenjammer* ... das weiß nur keiner mehr, weil Studenten aus dem 18. Jahrhundert den Begriff für sich und ihre Saufgelage in Anspruch nahmen. Aber dies nur nebenbei.

Zubereitung:

Also, das ist nun nicht gerade ein Geheimnis. In Italien macht das jeder so. Du füllst kaltgepresstes Olivenöl in eine Flasche (die sollte allerdings dunkel sein! Das Foto zeigt nur deshalb eine durchsichtige Flasche, um die rote Flüssigkeit darin zu veranschaulichen).

Dann gibst du ganze (!) getrocknete, sehr scharfe Peperoni hinzu. Mit Pulver oder Flocken funktioniert es nicht, weil diese dann mit Verzehr herausfallen. Mindestens vier Wochen stehen lassen.

Das Öl kann immer wieder aufgegossen werden, da die Schärfe der ganzen Peperoni darin sehr lange anhält.

Die Flasche dunkel und kühl aufbewahren, aber nicht im Kühlschrank.

Salamoia Bolognese

Zutaten:

1 Strauß junger Rosmarintriebe
Grobes Meersalz
1 Knoblauchzehe
Etwas Olivenöl

Was ich dazu noch sagen wollte …

Und nun verrate ich dir das Geheimnis meiner Fleisch- und Fisch-
gerichte. Als alter Penato kenne ich viele überlieferte Küchen-
tricks, aber dieses *Salamoia* ist besonders elegant. Fisch oder
Fleisch (nach Belieben freilich auch *Ragù* oder andere Gerichte)
einfach ein wenig damit würzen, kurz vor dem Servieren einen
Schuss Weißwein in die Pfanne, etwas verdunsten lassen und
servieren. Ich garantiere dir eine Gaumen-Überraschung! Aber -
wie gesagt - das ist ein Geheimnis, also nicht verraten! Die Kom-
plimente einfach einheimsen und mystisch dazu lächeln. Dabei ist
es ganz einfach herzustellen. Also …

Zubereitung:

Du nimmst frische Rosmarintriebe, wenn möglich solche, die noch nicht verholzt sind. Diese kann man komplett verarbeiten. Sollten die Triebe schon verholzt sein, musst du die Nadeln von den Stängeln befreien. Das ist etwas mühsam, geht aber auch. Die Triebe waschen und mit einem Wiegemesser sehr fein haken. Die Menge der gehackten Nadeln sollte in etwa die gleiche Menge sein wie das Salz.

Das Ganze in einem Mörser (oder Mixer) zermahlen, bis das Salz fein ist. Je nach Geschmack etwas frischen Knoblauch und ein paar Tropfen Olivenöl dazugeben und gut durchmischen. In ein kleines Glas mit Deckel füllen und im Kühlschrank aufbewahren.

Salamoia schmeckt frisch besonders gut, hält sich aber über Monate. Es verliert mit der Zeit die schöne belebte Farbe, kann aber deswegen trotzdem weiter verbraucht werden.

Mostarda Mantovana –
Scharfe Senf-Früchte, Mantua Art

Zutaten:

2 kg Obst nach Jahreszeit (ungespritzte Äpfel, Birnen, Pflaumen,
Kiwi, Orangen, Pfirsiche, Aprikosen, Feigen, Mandarinen)
1 kg Zucker
1 l Wasser
10-15 Tropfen Senföl (aus der Apotheke)

Was ich dazu noch sagen wollte …

Dieses Gericht hat eine alte, ja beinahe antike Tradition. Interessiert dich? Dann hör mir zu! Das war nämlich so:

Im Römischen Reich bereitete ich dieses *Mostarda* mit Honig zu,
freilich, Zucker kannte man noch nicht. Ich hatte es einmal im alten
Rom versucht, das Rezept mit scharfem Senföl herzustellen. Ich
selbst fand es köstlich, aber dieser Versuch kostete mich beinahe
meinen guten Ruf als Penato! Man schätzte die Kombination gar

nicht. Ich musste bis ins Mittelalter warten, es immer wieder mal mit den nächsten Generationen meiner Familie probieren, bis sich meine Kreation endlich auch bei den Menschen durchsetzte. Manchmal dauert das mit euch! *Mamma mia!* Da waren eure Vorfahren nicht viel anders als die Menschheit heute.

Der heutige Begriff kommt aus dem Lateinischen, als alter Römer weiß ich das natürlich: *mustum ardens*, was so viel wie scharfer Senf bedeutet. *Mostarda* hat sich dann, als die Menschheit im Mittelalter mein Rezept endlich interessant fand, im Laufe der Zeit auch verbreitet und regional unterschiedlich entwickelt. Heute ist das so: Die einen geben Most zu und belassen es eher süß, die anderen stellen es ohne Most her, dafür aber scharf. Ich habe mein Rezept über Jahrhunderte bewahrt und laufend verfeinert. Ich bevorzuge das Rezept *Mantovana* und das verrate ich dir.

Mostarda bildet die Basis für unterschiedliche Gerichte und kann beinahe in jedem Gang eingesetzt werden: Es kann als Antipasto mit Käse serviert werden - das schmeckt, sage ich dir! Du wirst bei deinen Gästen unglaubliche Begeisterung hervorrufen! Oder es wird als Beilage zu Fleisch serviert. Oder es bildet die Grundlage zu einer süß-sauer Sauce. Auch gibt es zu Vanille- oder Pistazieneis eine perfekte Abrundung als Dessert.

Man bereitet es nach Belieben eher milder oder scharf oder sehr scharf zu. Dabei musst du allerdings höllisch aufpassen! Es genügt, wenn dir der Duft der hoch konzentrierten Senföltropfen in die Nase steigt, um dir die Nebenhöhlen durchzupusten. Ja nicht nahe daran schnuppern und schon gar nicht probieren!

Zubereitung:

Die Früchte, je nachdem, welche du verwendest, waschen, schälen und in grobe Stücke schneiden. Junge Mandarinen werden mit der Schale verarbeitet und sollten deshalb natürlich nicht gespritzt sein. Die Stücke dürfen ruhig grob sein.

Dann bringst du 1 Liter Wasser mit dem gesamten Zucker zum Kochen, bis sich der Zucker völlig aufgelöst hat. Ab diesem Zeitpunkt circa 15 Minuten kochen lassen.

Kurz vom Feuer nehmen und das Senföl zugeben, gut verrühren. Die Früchte zugeben, so dass diese vom Sirup bedeckt sind.

Nun bei geringer Hitze zwei Stunden offen simmern lassen. Das Ganze ist fertig, wenn die Früchte durch sind und der Saft einen dickflüssigen Sirup ergibt.

Die heißen Früchte mit einer Gabel herausfischen und vorsichtig in sterile Gläser geben, mit ausreichend heißem Sirup auffüllen und luftdicht verschließen.

Die befüllten und verschlossenen Gläser in einem Wasserbad mit etwas Seife kurz waschen (ja, das muss sein, sonst wird das alles total klebrig) und kopfüber zum Abkühlen auf ein feuchtes Handtuch stellen.

Die Gläser müssen nach Erkalten unter Druck stehen. Sie sind haltbar wie Marmelade. Sie verlieren mit der Zeit zwar die frische Farbe, sind aber trotzdem sehr lange genießbar.

Ein geöffnetes Glas sollte im Kühlschrank aufbewahrt werden, kann dort aber auch noch lange Zeit halten.

Du wirst dieses Rezept lieben! Ich weiß es einfach.

Tortini di farro integrale alla contadina – Herzhafte Vollkorn-Dinkelbrötchen

Zutaten für 10 - 12 Brötchen:

350 g Dinkel Vollkornmehl
230 g Butter
3 Eier
1 Päckchen Backpulver
2 Kaffeelöffel gemahlener Fenchel
Etwas Salz
Etwas Milch
3 Esslöffel fein gehackter frischer Rosmarin
3 Esslöffel grob gehackte grüne Oliven
3 Esslöffel grob gehackte getrocknete Tomaten (aus dem Glas in Öl ohne Essig!)
Papier-Backförmchen

Was ich dazu noch sagen wollte …

Wie schon erwähnt, gehört in Italien Brot immer auf den Tisch. Wenn du also ein italienisches Gericht servierst, solltest du auch darauf achten. Ich habe das Rezept zu diesen *Tortini* auf den ausdrücklichen Wunsch Lisas ausgegraben, weil sie ihr deutsches Brot so sehr vermisste. Marco hat zunächst die Nase gerümpft, nach seinem weißen Brot verlangt. Aber die Liebe schafft alles, so auch das. Er hat sie schließlich doch probiert und heute ist es sogar er, der mich oft auffordert, wieder diese leckeren kleinen Brötchen zu backen.

Ich habe dieses Rezept für dich hier ausgewählt, weil es unkompliziert und schnell zubereitet ist. Frisch gebacken schmecken diese Brötchen am besten. Man kann sie aber auch in einem sauberen Leinentuch gut ein paar Tage aufheben. Sie sind dann zwar nicht mehr knusprig, aber trotzdem lecker.

Außer als Standard auf dem Tisch, schmecken sie auch abends zu einem Glas Wein mit Käse und/oder italienischem Salami- und Parmaschinken-Aufschnitt.

Zubereitung:

Als erstes solltest du die Zutaten vorbereiten. Zuerst die getrockneten Tomaten absieben und das Öl gut abtropfen lassen.

In der Zwischenzeit den frischen Rosmarin waschen und von verholzten Stängeln befreien. Frische Sprossen können komplett verarbeitet werden. Mit einem Wiegemesser sehr fein hacken und in einem Schälchen sammeln, bis du ca. 3 gehäufte Esslöffel davon hast.

Die Tomaten in kleine Stückchen würfeln und ebenfalls in einem Schälchen sammeln, bis du davon ca. 3 gehäufte Esslöffel hast. Ebenso verfährst du mit den grünen Oliven.

Dann beginnen wir mit dem Teig: Butter, Eier, eine Prise Salz und das Fenchelpulver schaumig schlagen. Mehl und Backpulver mischen und unter den Teig rühren. So viel Milch zugeben, bis der Teig schwer reißend vom Löffel fällt, aber cremig ist.

Die vorbereiteten Zutaten, also Rosmarin, Oliven und Tomatenstückchen mit einem Teigschaber untermischen. Mit einem Löffel in die auf einem Backblech vorbereiteten Papierförmchen füllen, so dass diese zur Hälfte gefüllt sind.

Auf der zweiten Schiene von unten bei 150 Grad Umluft ca. 20-30 Minuten, oder bei normaler Backhitze 170 Grad backen. Die Backzeit hängt ein wenig von den Förmchen ab. Der Gabeltest hilft dir dabei: Sobald kein Teig mehr an der Gabel klebt, herausnehmen.

Panini deliziosi![10]

---

[10] Ital: Leckere Brötchen

Pane integrale semplice con lievito madre – Einfaches Vollkornbrot auf Basis von Mutterhefe

Zutaten für 1 Brot:

½ Teelöffel Trockenhefe (das erste Mal)
600 ml lauwarmes Wasser
660 g Vollkornmehl
120 g Haferflocken
1 Esslöffel Zucker
60 g Sonnenblumenkerne oder Leinsamen
Etwas Anis
Etwas Kümmel
Etwas Fenchelgewürz
Etwas Salz

Was ich dazu noch sagen wollte …

In Italien isst man Weißbrot. Stimmt. Aber viele Italiener kennen das würzige Vollkornbrot aus dem Urlaub in den Bergen, in Süd Tirol oder im Trentino und sie haben den gesunden Geschmack schätzen gelernt. Vollkornbrot findet man also immer öfters im Brotkorb auf dem Tisch stehen, als Alternative neben dem Weißbrot. Außerdem werden Rezepte mit *lievito madre*[11] in Italien sehr geschätzt.

Ich musste mir schnell angewöhnen, Vollkornbrot im Haus zu haben, weil Lisa – wie bereits erwähnt und typisch deutsch! - schon nach kurzer Zeit in Bologna ihr gutes Brot von zu Hause vermisste. Das nahm ernsthafte Formen an, so ernsthaft, dass ich schon befürchten musste, sie würde nur deshalb wieder nach Deutschland zurückgehen. Das musste ich verhindern und deshalb habe ich dieses Rezept ausgegraben. Dafür bin ich extra nach Pompeji gereist, was sie allerdings überhaupt nicht zu schätzen wusste und weswegen sie ziemlich sauer auf mich war. Naja, zugegeben, es war nicht ausschließlich deshalb. Aber das ist eine andere Geschichte, die Lisa in „Verliebt in Bella Italia" natürlich aus ihrer Sicht erzählt. Jetzt kennst du die Wahrheit.

Nun bin ich wieder vom Hundertsten ins Tausendste gekommen. Dabei wollte ich dir nur die Angst vor dem Brotbacken nehmen. Dieses Rezept ist nämlich ganz einfach.

Zubereitung

Du mischst zuerst das lauwarme Wasser mit der aufgelösten Hefe (das erste Mal, das nächste Mal verwendest du stattdessen die Mutterhefe) und gibst einen Esslöffel Zucker hinzu. Dann gibst du Löffel für Löffel das Mehl hinzu (niemals umgekehrt!). Mit dem Knethaken deines Handrührgerätes gut mischen. Dann gibst du auch die Haferflocken zu. Die Kerne und Gewürze erst zum Schluss dazu mischen, damit sie ganz bleiben. Vor allen Dingen das Salz erst ganz zum Schluss beigeben.

---

[11] Ital. Mutterhefe, die traditionelle Vorratshaltung der eigenen Hefe, hergestellt aus Teilen des verarbeiteten Teigs und laufend weiterkultiviert

Am besten bereitest du das am Abend des Vortages zu. Denn dieser Teig muss nun gut 12 bis 15 Stunden an einem warmen Ort stehen und gehen. Er sollte sich am Ende der Zeit im Volumen verdoppelt haben. Ich stelle ihn immer mit einer Schüssel kochenden Wassers in den (nicht geheizten!) Ofen, das ist feucht und warm und der Teig geht über Nacht hervorragend auf.

Du nimmst ca. 12 -15 Esslöffel von dem aufgegangenen Teig weg und bewahrst diesen rohen Teig in einem luftdichten Behälter im Kühlschrank auf. Das ist die *lievito madre,* die Mutterhefe für das nächste Mal. Diesen Teil verwendest du dann in Zukunft an Stelle des ½ Löffel Trockenhefe.

Den Großteil des Teiges gibst du in eine mit Mehl beschichtete Backform. Gut eignen sich eine Kastenform oder eine runde Keramikform, aber auch ein Römertopf (natürlich). Den Teig klopfst du flach in die Form. Mit einem nassen Messer schneidest du die Oberfläche 2-3 Mal tief ein, damit der Teig an dieser Stelle aufbrechen kann. Die Oberfläche etwas mit Haferflocken bestreuen.

Bei 200 Grad ca. 50-60 Minuten backen. Es ist ratsam das Brot bei normaler Hitze zu backen. Umluft bäckt freilich auch, aber dann wird die Kruste des Brotes sehr knusprig und ein wenig hart.

Wenn du den Dreh mal raushast, dann kannst du auch zwei Brote gleichzeitig backen und die Hälfte einfrieren. Das Brot ist im Brotkasten gut haltbar. Da es aber keine Konservierungsstoffe enthält, musst du es entsprechend in trockenem Papier im Brotkasten aufbewahren. Das bedeutet, ab und zu das Papier wechseln, damit es nicht zu feucht wird und das Brot schimmelt.

Antipasti

Kennt heute ja jeder. Viel werde ich dazu also nicht sagen ... jedoch, du wirst es bestimmt nicht wissen, aber der Ursprung des heute, allgemein hinlänglich bekannten Antipasto, geht nämlich auf mich zurück! Jawohl.

Ich selbst habe in meiner römischen Familie damals angefangen, kleine Häppchen vor dem Menü zu servieren. Ich nannte sie *antepaestum*, was so viel wie „vor dem Menü" bedeutet. Das habe ich deshalb getan, weil es den Magen auf die zu erwartenden Speisen vorbereitete und sich die Gäste so besser fühlten. Wie schon eingangs erwähnt, war dieses Wohlfühlen nach dem Essen für die Römer ein wichtiges Kriterium, ob sie das Mahl lobten oder nicht. Sogar *Cicerone* - er war einmal in unserem Hause zu Gast - hat meine Erfindung in seinen Schriften festgehalten, wenn er es auch nicht für nötig hielt, mich dabei zu erwähnen. Eine Beleidigung sondergleichen! Aber lassen wir das. Das ist lange her. Jedenfalls hat sich diese Vorgehensweise im Römischen Reich schnell zu großer Beliebtheit entwickelt, besonders bei den noblen Familien Roms.

Leider geriet der Brauch später völlig in Vergessenheit, so sehr ich mich auch bemühte, ihn zu bewahren. Im Mittelalter forderte meine Familie sogar, direkt mit dem zweiten Gang (!), dem Fleisch oder Fisch zu beginnen, nur weil das Mode geworden war. Lisa und Marco waren also nicht meine erste familiäre Herausforderung, die ich zu bewältigen hatte. Mit viel Ausdauer schaffte ich es schließlich doch wieder, diese unflätige Gepflogenheit aus der Welt zu schaffen und vor allem die *borghesi*[12] der neuen Zeit griffen sie gerne wieder auf. So, nun weißt du die ganze Wahrheit über das Antipasto. Ein solcher Happen sollte also immer entsprechend klein und leicht sein. Daran isst man sich nicht satt. Der Magen wird damit quasi aufgeweckt und zur Arbeit gerufen.

---

[12] Ital.: wohlhabendes Bürgertum

Prosecco con fragola ghiacciata – Prosecco mit tiefgefrorener Erdbeere

Zutaten:

1 Flasche sehr kalter Prosecco
Mehrere gefrorene Erdbeeren (oder andere Früchte)

Was ich dazu noch sagen wollte ...

Ich werde hier keinen Exkurs über den Aperitif machen. Nur so viel sei gesagt: Ein Aperitif wird klassisch spät nachmittags ca. 2 Stunden vor dem Abendessen getrunken. Dazu werden kleine Häppchen oder Fingerfood gereicht und man plaudert. Aber auch vor einem Mittagessen kann ein kleiner Aperitif zusammen mit einem Antipasto gereicht werden. Deshalb also an dieser Stelle auch ein Rezept dazu.

Die Idee zu diesem Getränk hier fußt auf einem Lieblingstrunk der alten Römer. Damals war (Honig)wein mit Peperoni groß in Mode – übrigens auch ein interessanter Aperitif, wer es mal probieren will. Marco steht voll auf diesen antiken Aperitif und Lisa liebt ihn vor allem im Winter, weil er von innen heraus schön warm macht. Die Erfahrung damit ist allerdings doppelt, wenn du nicht vorsichtig dosierst!

Du wirst es vielleicht nicht glauben, aber bereits im alten Rom kannte man die Kühlung durch Eis. Das Imperium war groß und es gab Berge in den Apenninen und Alpen, die mit Eis bedeckt waren. Der Eisernter schnitt große Blöcke und transportierte sie in die Städte, vor allen nach Rom. Freilich kam da nur noch die Hälfte dessen an, was der ursprünglich geerntet hatte. Besonders im Sommer. Und es waren auch nur sehr reiche Leute, die sich so ein Eis leisten konnten. .... aber ich schweife ab.

Jedenfalls kristallierten frische Erdbeeren, direkt auf einen Eisblock gelegt, zu einer erfrischenden Beigabe in den prickelnden Weißwein. Der wurde zwar schon im Altertum als *Vinum Pucinum* hochgeschätzt. *Livia Drusilla*, die dritte Gattin Kaiser Augustus[13] soll nämlich diesen Wein, der vor allen Dingen kühl mundet, wegen seiner medizinischen Wirkung geliebt haben. Am Ende ihres langen Lebens (sie wurde 87) schrieb sie ihr hohes Alter dem regelmäßigen Genuss dieses Getränkes zu und empfahl ihn allen als ein „Elixier für ein langes Leben".

Jedenfalls hast du es heute sehr viel einfacher mit diesem Aperitif. Du kannst ihn jederzeit genießen, so lange du gefrorene Erdbeeren im Gefrierfach hast. Dieser Tipp hier ist ein Hingucker, etwas Ausgefallenes, gibt dem Prosecco eine leicht fruchtige Note, hält aber vor allen Dingen das Getränk schön kühl, ohne es zu verwässern.

Zubereitung:

Besonders gut eignen sich frische Erdbeeren für dieses Rezept. Du kannst aber auch - je nach Jahreszeit - gefrorene Mandarinen, Mango, Pfirsiche, Orangen-, Kiwi-, oder Zitronenscheiben verwenden.

Wichtig dabei ist, dass du die frischen, gewaschenen und geschälten Früchte getrennt auf einem Tablett in das Gefrierfach gibst, damit sie einzeln erstarren. Kurz vor dem Servieren gibst du dann jeweils eine Frucht in ein Glas. Deshalb solltest du die Stücke nicht zu dünn schneiden, damit sie langsam im Glas auftauen.

Cin-Cin!

---

[13] 64 v.Chr.-14 n.Chr.

Antipasto Tricolore

Zutaten für 8 kleine Gläser:

1 reife Avocado
250 g Frischkäse (Ricotta oder Stracchino oder Feta)
2 reife Tomaten
Kaltgepresstes Olivenöl
Mineralwasser
Etwas Salz
Pfeffer
Frische Petersilie
Grissini oder Weißbrot
Frischer Rosmarin
Frisches Basilikum
4 mittelgroße Gläser (die Hälfte eines normalen Trinkglases)

Was ich dazu noch sagen wollte...

Dieses Gemüse-Käse Antipasto in den italienischen Farben ist ein Hingucker! Und schmeckt herrlich erfrischend. Wann immer ich dieses Rezept für Lisa und Marco in deren Freundeskreis zubereitet habe, erntete ich damit, oder vielmehr Lisa - denn wer mich kennt, weiß, dass ich den Erfolg für unsere Mahlzeiten immer ihr überlasse - stets großen Beifall. In kleinen Gläsern portioniert kann es als Happen zum Aperitif oder Antipasto gereicht werden. Dazu passt ein leichter trockener Weißwein oder Prosecco.

Bevor ich dir erkläre, wie man das macht, ein kurzer Diskurs zu Avocados. Das scheint mir an dieser Stelle sinnvoll:

Wer schon einmal eine frische Avocado direkt vom Baum geerntet gegessen hat, wird verstehen, was ich meine. Nichts, aber auch gar nichts, kann diesen Geschmack übertreffen! Die cremige Frische dieser nahrhaften Frucht kann man nur mit *„buonissimo!"* bezeichnen. Es fegt dich von den Pfoten!

Die Avocados, die wir im Supermarkt kaufen, sind leider oft alles andere als das. Deshalb rate ich, sie beim Gemüsehändler einzuholen. Eine Avocado-Frucht ist dann perfekt zum Verzehr, wenn sie außen weich ist (wie ein reifer Pfirsich, der aber noch nicht matschig ist), innen aber hellgrün. Braune Flecken im Fleisch der Avocado sind ein Zeichen von Überreife oder zu früher Ernte. Das kann man manchmal mit dem Drucktest von außen nicht erkennen, leider. In diesem Fall die braunen Stellen entfernen und nur verwenden, was von dem grünen Fruchtfleisch übrig ist.

So kannst du erkennen, ob die Frucht reif ist: Ziehe den kleinen knubbeligen Stiel auf der Unterseite der Avocado heraus. Ist die Avocado reif, lässt er sich ganz leicht entfernen, ohne dass man mit den Fingern lange pulen muss. Entscheidend für eine Beurteilung ist auch die Farbe unter dem Stiel: Leuchtet die kleine Öffnung darunter gelblich-grün, ist die Avocado reif, sollte sie braun sein, ist die Avocado schon überreif.

Zubereitung:

Die Avocado-Creme

Wir beginnen mit der Avocado-Creme. Das Fleisch der Frucht in ein Rührgefäß geben. Dazu etwas Salz, Pfeffer, frische, kleinge-hackte Petersilie nach Geschmack, etwas Olivenöl und ein wenig Mineralwasser (die Kohlensäure macht die Masse noch cremiger) zugeben.

Die Zutaten verquirlen, bis eine cremige Masse entsteht. Wenn die Creme noch nicht geschmeidig genug ist, etwas mehr Öl und Mi-neralwasser zugeben. Die Avocado-Creme als unterste Schicht in Gläser füllen (nicht als oberste Schicht, da die Creme an der Luft die frische Farbe verliert!).

Die Käse-Schicht

Je nach Wahl des Frischkäses ist der Geschmack des Gerichts mehr oder weniger herb. Es sollte auf jeden Fall ein relativ mage-rer Frischkäse sein (auf keinen Fall fetten Käse!), da die Avocado-Creme bereits üppig ist. Den Ricotta oder Stracchino mit einem Löffel abstechen und auf die Avocado-Creme in den Gläsern schichten, bis die weiße Schicht dieselbe Höhe hat wie die grüne. Falls du Feta-Käse verwendest, in kleine Würfel schneiden. Wer Mager-Quark verwenden möchte, sollte diesen mit Salz, Pfeffer, einem Schuss Olivenöl und Mineralwasser ebenfalls anrühren.

Die Tomaten-Schicht

Die Tomaten halbieren und Kerne und saftigen Innenteil heraus-kratzen. Das verbleibende Tomatenfleisch in kleine Würfel schnei-den und in eine Schüssel geben. Etwas frisches Basilikum fein schneiden und dazu geben. Mit ein wenig Olivenöl, groben Pfeffer und Salz vermischen. Die Tomaten auf die weiße Käseschicht geben, bis die rote Schicht dieselbe Höhe hat, wie die beiden an-deren. *Buon Appetito!*

Fagiolini verde al sugo rape rossa – Grüne Bohnen mit Rote-Bete-Dressing

Zutaten für 4 Personen:

1 kg grüne Prinzessbohnen, gekocht
1 kleine Rote Rübe, gekocht
1 gehäufter Esslöffel französischer Dijon-Senf, mittelscharf
1 kleine Knoblauchzehe
6-8 Esslöffel kaltgepresstes Olivenöl
6-8 Esslöffel Mineralwasser
Grobkörniger Pfeffer
250 g Pinienkerne
1 Pürierstab oder Mixer

Was ich dazu noch sagen wollte...

Ich gebe es zu: Es ist eine etwas ungewöhnliche Farbkombination für ein Gericht. Die pinkfarbene Sauce auf dem Grün, das sieht fast künstlich aus, mindestens erinnert es an Himbeersorbet. Und auch das wäre irreleitend! Nichts dergleichen! Es ist ein sehr gesundes und ausgefallenes Antipasto, das mit seinem Geschmack alle überraschen wird! Du wirst schon sehen ... vertrau mir!

Bei diesem Rezept handelt es sich nicht um ein typisch italienisches, musst du wissen. Ich habe es von einem Cousin, der dort lebte, wo heute Südfrankreich ist. Das Römische Imperium war groß. Wir haben feine Rezepte von allen Regionen vereint. Und auf diesem Wege kam auch dieses hier in meine Sammlung. Aber es ist gewiss eines, das es wert ist, dir zu verraten.

Zubereitung:

Facile![14] Du gibst in ein hohes Rührgefäß die kleingeschnittene, gekochte Rote Rübe. Da die Größe der Knolle nicht so genau zu bemessen ist, musst du auch die anderen Zutaten ein wenig so dosieren, dass daraus ein cremig-sahniges Dressing wird.

Zu den Rote Rüben Schnipsel gibst du einen gehäuften Esslöffel französischen Dijon-Senf, mittelscharf. Du kannst auch scharfen Senf verwenden, wenn du es lieber etwas pikant magst. Wenn du aber einen anderen Senf als diesen verwendest, dann wird die Sauce nicht so schmecken, wie sie sollte! Glaub mir, ich habe es probiert.

Dann presst du die Knoblauchzehe darüber, etwas Pfeffer, gibst Öl und Mineralwasser hinzu und pürierst alles. Wie gesagt, die flüssigen Zutaten nach und nach hinzugeben, je nachdem, wieviel Flüssigkeit die Creme braucht.

Richtig: kein Salz! Der Eigengeschmack ist intensiv genug. Wenn es unbedingt sein muss, weil du es so eben lieber magst, dann gib ein wenig davon erst ganz zum Schluss hinzu. Ich finde aber, dass

---

[14] Ital.: einfach

es stört. Außerdem hat mir mein Cousin das Rezept genauso gegeben!

Die Pinienkerne vorsichtig und ohne Fett ein wenig anrösten. Kurz vor dem Servieren die rote Sauce über die grünen, gekochten (sie können kalt oder warm sein) Bohnen in portionierten Tellern geben und die Kerne drüberstreuen.

Hmmmm ...

Bruschette Pesto Pomodoro –
Tomaten-Pesto-Brötchen

Zutaten für 4 Personen:

200 g getrocknete Tomaten in Öl
1 kleiner Bund frischer Petersilie
1 Knoblauchzehe
200 g Pinienkerne
200 ml kalt gepresstes Olivenöl
200 g geriebener Parmesan
Getoastete Brötchen oder Cracker
Mixer

Was ich dazu noch sagen wollte...

Diese dunkle Paste soll schmecken?
Es ist doch, was du denkst! Habe ich recht?

Die Antwort lautet: mehr als das! Man kann nach dem ersten Bissen nicht mehr damit aufhören. Deshalb ist es ratsam, wenn man dieses Gericht als Antipasto reichen möchte, dass die Brötchen abgezählt sind. Denn sonst läufst du Gefahr, dass deine Gäste den Rest des Menüs nicht mehr schaffen.

Ich serviere diese *Bruschette* oft zu einem Glas Wein am Abend, da kann man dann essen so viel man will. Aber als Antipasto muss man wirklich aufpassen, dieses Pesto macht süchtig! (-:

Ich sollte vielleicht noch erwähnen, dass dieses Rezept blutdrucksenkend wirkt. Gäste mit Tendenz zu hohem Blutdruck werden es dir danken. Solchen mit niedrigem servierst du vorsichtshalber dazu einen spritzigen Prosecco, damit sie dir nicht einschlafen.

Zubereitung:

Wichtig bei der Zubereitung ist ein guter Mixer oder Pürierstab. Die Zutaten vorher zu zerkleinern würde ich dir - trotz moderner Technik - raten, denn selbst mit hochwertigen Messern und der Kraft der Elektrik erwischen die Geräte manchmal nicht den gewünschten Grad des Pürierens.

Man kann die Paste auch mithilfe eines Wiegemessers manuell herstellen, aber das ist freilich etwas mühsamer. Geht aber auch - schließlich habe ich das fast 1960 Jahre lang so gemacht, bis eben die ersten Mixer in den Haushalten Einzug hielten.

Die getrockneten Tomaten gut von dem Öl abtropfen lassen und in kleine Stückchen schneiden. Dieses Öl nicht verwenden! Das taugt nichts.

Petersilie, Knoblauch und Pinienkerne sehr fein hacken. Den Parmesan reiben. Alles nach und nach mit dem Olivenöl in den Mixer geben und gut pürieren.

Für ein Antipasto: auf getoastete Brötchen streichen, dekorieren und servieren.

Als Zugabe zu einem Glas Wein am Abend: die Paste in einer Schüssel auf den Tisch stellen, die Brötchen oder Cracker in einem Brotkorb servieren. Jeder Gast streicht sich selbst nach Belieben nach, so viel er oder sie essen will. Und das wird viel sein!

Das Pesto hält gut ein paar Tage im Kühlschrank frisch, sollte aber in einem luftdichten Behälter verwahrt werden, da es sonst einen sehr intensiven Geruch an die Umgebung abgibt.

Mamma mia! Che buono!

Zucchine essiccate –
Zucchine-Streifen

Zutaten für 4 Personen:

6 – 8 mittelgroße *Zucchine*
75 ml Olivenöl
1 kleine Knoblauchzehe
Etwas grober Pfeffer
Etwas Zeit und Geduld

Was ich dazu noch sagen wollte...

Schon, schon. Die wichtigste Zutat hierfür ist Zeit und etwas Geduld. Ich ahne schon, was du sagen wirst: „Ich habe weder das
eine noch das andere!"

Aber halt! Nicht weiterblättern!

Ich möchte nun keinen Vortrag über Zeit halten. Angesichts meiner 2000 Jahre könnte das wohl eine interessante Sichtweise für dich sein. Ich könnte dir so allerhand darüber erzählen, was es bedeutet so alt zu sein und sich immer wieder darüber sorgen zu müssen, als Einziger der Familie übrigzubleiben und wieder hart arbeiten zu müssen, um eine neue zu schaffen. Aber das gehört jetzt nicht hier her. Außerdem erzählt das ja Lisa in drei Büchern - freilich auf ihre Weise und sie weiß mit ihren 36 Jährchen und aus Deutschland kommend so gut wie nichts über mich!

Was ich aber sagen muss, ist Folgendes: Es gibt drei Gründe, warum du dieses Rezept trotzdem zubereiten solltest:

1. Es ist einfach.
2. Du kannst es Stunden vorher zubereiten.
3. Es wird das Antipasto sein, dass als erstes weg ist! (Falls es auf einer Party auf dem Buffet landen sollte).

Ich könnte noch einen vierten Punkt aufführen, nämlich, dass man dieses Gericht sehr gut aufbewahren und am nächsten Tag mit Genuss essen kann. Aber das passiert nie. Es bleibt einfach nie etwas übrig.

Zubereitung:

Zunächst drückst du die Knoblauchzehe in das Olivenöl und lässt es gut durchziehen.

Die *Zucchine* waschen und trocknen.

Eine große beschichtete Pfanne erhitzen, auf mittlere Hitze herunterschalten. Mit einem Gurkenschäler lange, dünne Streifen abhobeln und nebeneinander in die Pfanne legen. Die Schale wird verwendet, der Innenstamm der Kerne hingegen nicht.

Die *Zucchine*-Streifen trocknen lassen. Sie sollten eine etwas lederne Konsistenz haben und dürfen durchaus stellenweise leicht bräunlich werden. Die Streifen vorsichtig vom Pfannenboden abziehen und auf einen Teller nebeneinanderschichten.

Nach und nach alle Streifen so verarbeiten. Zum Schluss das Knoblauchöl darüber träufeln und etwas groben Pfeffer darüber geben. Fertig.

Carciofi –
Artischocken Antipasto

Zutaten für 4 Personen:

4 – 6 große frische Artischocken
200 g geriebener frischer Parmesan
Etwas Pfeffer
Kalt gepresstes Olivenöl
1 Zwiebel

Was ich dazu noch sagen wollte...

Ah! *Adoro questo*![15] Und nicht nur, weil es köstlich schmeckt! Dieses Antipasto ist in Gesellschaft ein wunderbarer Spaß und startet

---

[15] Ital. Ich liebe das!

die Unterhaltung auf herrliche Weise, weil jeder beschäftigt ist. Alleine zusammen die Blätter der eigenen Artischocke abzuschälen, abzulutschen und den Rest in eine große Schale in der Mitte des Tisches zu werfen, ist ein Vergnügen! Besonders dann, wenn Gäste so etwas noch nie gemacht haben, ist es eine unterhaltende Überraschung. Und dabei schmeckt es auch noch ganz einmalig!

Bevor ich dir also dieses wirklich extrem einfache Rezept erkläre, ist es vielleicht wichtiger zu erläutern, wie man dieses Gemüse als Antipasto isst. Sonst sitzt am Ende auch du davor und fragst dich: und nun?

Die Artischocke wird als Ganzes auf dem Teller serviert, wie es auf dem Bild abgebildet ist. Natürlich heiß. Man isst mit den Fingern. Dabei ziehst du ein Blatt ab (Vorsicht! Das Gemüse hat manchmal Stacheln! Es ist eine Distel, naja ...), tauchst das weiche Ende in die Sauce und lutschst dann den weichen Teil vom Blatt ab. Den harten Rest, der zu Beginn den Großteil des Blattes ausmacht, wirft man in die große leere Schüssel in der Mitte des Tisches. Sei beruhigt, der weiche, köstliche Teil wird milder und größer, je weiter du zum Herz des Gemüses vordringst.

Dieses Herz erreichst du nach Abernten mehrerer Lagen, die du abgegessen hast. Es ist das Beste! Oben auf dem Herzstück wirst du goldene Härchen vorfinden. Sie solltest du mit dem Messer entfernen, die schmecken nicht. Der Rest des Herzes ist köstlich und der krönende Abschluss dieses Antipasto.

Zubereitung:

Zunächst schneidest du den Stil der Artischocken ab. Es gibt auch Rezepte dafür, doch in diesem Fall entfernen wir ihn. Wir verwenden nur die Blüte der Distel.

In einer Schüssel Wasser mit einem Schuss Essig eine Weile liegen lassen. Dies ist nur für den Fall, dass kleine Insekten in den

Blüten sitzen sollten, was eher selten der Fall ist. Aber falls doch, lockt sie der Essig heraus.

Inzwischen reibst du den frischen Parmesan und verrührst den Käse nach und nach mit so viel Olivenöl, dass eine cremige Masse entsteht. Etwas Pfeffer und eine feingehackte Zwiebel würzen die Sauce ab. Wer keine Zwiebel mag, kann sie auch weglassen.

Danach das Gemüse in einem großen Topf ca. 20 Minuten kochen. Das Gemüse ist fertig, wenn der Ansatz der Blüte weich ist.

Das Wasser absieben, die Artischocken gut abtropfen lassen und je auf einem Teller servieren. Die Sauce kann in kleinen, individuellen Schälchen jeder Portion beigefügt werden, oder, alternativ, in einer gemeinsamen Schüssel auf dem Tisch stehen.

Viel Spaß mit diesem etwas anderen Antipasto!

Insalata spinaci con burrata –
Burrata auf Spinatsalat

Als *contorno*/Beilage Als Antipasto mit Burrata
zum 2.Gang <u>ohne</u> Burrata

Zutaten für 4 Personen:

Frische, junge Spinatblätter (ca. 1 volle Einkaufstüte)*
1-2 Karotten
6-8 Eiertomaten
2 Mozzarella Bufala „Burrata"
Etwas Essig und Olivenöl
Etwas Pfeffer und Salz

*die Angabe in Gramm ist schwierig, da das Volumen des Spinats unterschiedlich ausfällt, deshalb: so viel Blätter, dass es eine große Schüssel Salat ergibt (ohne Stängel!).

Was ich dazu noch sagen wollte…

Ich ahne, was du jetzt wissen willst: ((-. Was ist denn bitte schön der Unterschied zwischen einem Büffel-Mozzarella und einer *Burrata*? Stimmt's?

Nun, genau genommen ist eine *Burrata* natürlich ein Mozzarella aus Büffelmilch. Die Büffelkühe werden vorzugsweise in Süd-Italien gehalten. Deren Milch ist mit 6-9 % wesentlich fetter als normale Kuhmilch. Deshalb schmecken die Produkte aus Büffel-milch auch so gut! So eine *Burrata*-Kugel ist ein Büffelmilch-Mozzarella mit einem Durchmesser von 8 bis 9 cm und ist somit größer als ein normaler Mozzarella. Die *Burrata*[16] verrät schon durch ihren Namen, dass diese Version eine besonders cremige ist. Die Kugel hat eine festere äußere Hülle, ist innen jedoch weich, beinahe zäh flüssig. Da dieser Mozzarella sehr nahrhaft ist, reicht in der Regel auch ½ Kugel pro Person.

Einen kurzen Diskurs zum Thema „Salat in Italien" muss ich an dieser Stelle leider auch noch loswerden. Traditionell sind Italiener nämlich keine großen Salatesser, so wie die Völker des Nordens. Das hat sich allerdings in den letzten Jahren geändert. Quasi ein „Mitbringsel" der Touristen, die große Schüsseln des Grünzeugs in den Restaurants einfach immer wieder forderten. Die Gastronomie hat sich darauf eingestellt und so haben auch die Italiener selbst Geschmack daran gefunden.

Was dem Italienbesucher vielleicht noch seltsam erscheinen mag, nämlich dass er oder sie die Schüssel Salat im Restaurant nicht angemacht serviert erhält, das hat wiederum lange Tradition. Und wenn du mich fragst, ist das auch viel besser so! Bedenke die Vor-teile:

Erstens kann jeder seinen Salat so anmachen, wie er oder sie es lieber mag, und zwar mit gutem Olivenöl, Essig oder Balsamico, Pfeffer und/oder Salz (steht alles auf dem Tisch). Zweitens kann man zu Hause, was immer davon nicht gegessen werden sollte, im Kühlschrank aufbewahren und am nächsten Tag frisch essen.

Wer trotzdem das klassische Dressing nicht missen will, dem rate ich, es anzurühren und in einem Kännchen auf den Tisch zu stel-

---

[16] Ital. burro = Butter

len. Allerdings solltest du darauf achten, dass zu dieser *burrata* kein scharfes Dressing passt, also Geschmacksrichtungen wie Knoblauch, Senf oder Cremedressings bitte meiden. Ein schlichtes Essig-Öl-Dressing passt am besten.

Das gilt natürlich nicht, wenn du den Salat als Beilage zum zweiten Gang servierst (in diesem Fall unbedingt <u>ohne</u> Käse). In Italien wird Salat als Gemüse betrachtet und häufig als Beilage zum zweiten Gang gereicht. In diesem Fall kann das Dressing natürlich entsprechend des Gerichtes auch anders ausfallen.

Zubereitung:

Die Blätter gut waschen und die Stängel entfernen. Es ist ein bisschen Arbeit, ich gebe es zu. Die Blätter gut abtrocknen und auf Teller portionieren.

Die Tomaten in Scheiben schneiden und auf die Salatblätter legen. Die Karotten schälen und dann mit dem Kartoffelschäler lange, dünne Streifen in großen Locken darüber dekorieren.

Den Mozzarella abtropfen lassen und vorsichtig in zwei Hälften schneiden. Je ½ Kugel auf eine Portion legen.

Carpaccio pere e pecorino – Birnen-Pecorino-Carpaccio

Zutaten für 4 Personen:

4 Birnen
1 großes Stück Pecorino-Käse (ca. 350 g)
50-100 g Walnüsse (nach Belieben)
Etwas Essig
1 Esslöffel Honig
Pfeffer/Salz
Salat nach Saison (nach Belieben)

Was ich dazu noch sagen wollte...

Als Lisa diese Vorspeise zum ersten Mal probiert hat, war sie zunächst mehr als skeptisch. Sie behauptete, Birnen seien nicht gerade ihre Lieblingsfrucht und auch Pecorino ein Käse, der sie nicht inspiriert. *Mi-mu-ma, su e giù e da qua di là*[17] ... aber es ist mir ja nicht neu, dass ich sie hin und wieder zu ihrem Glück zwingen muss. Wenn ich nur daran denke, wieviel Kraft es mich gekostet

---

[17] Ital. Ausdruck für das Lamentieren einer Person, die nur Ausflüchte sucht, wörtlich: mi-mu-ma, rauf und runter, da und dort

hat, sie endlich mit Marco zusammenzubringen! *Mamma mia!* Also habe ich sie auch hier quasi erpresst, weil ich ihr drohte, ihre Leibspeise - Huhn in Prosecco und Zitrone (siehe Rezepte 2. Gang) - nie wieder zu kochen. Du kannst es dir schon denken, *esatto!*[18] Heute ist dieses Antipasto eines ihres liebsten!

Du kannst mir also vertrauen, wenn ich dir diese Vorspeise ans Herz lege. Das Gericht ist schnell zubereitet, aber geschmacklich ein Volltreffer! Und dabei sättigt es genug, dass du sogar den ersten Gang überspringen kannst, wenn du möchtest. Wenn du ein komplettes Menü auf den Tisch bringst, ist es ratsam, die Portion nicht zu groß zu machen bzw. einen eher leichten ersten Gang anzuschließen.

Die Zubereitung ist denkbar einfach, aber du solltest ein paar Regeln dabei beachten, denn die Birnen werden schnell braun, wenn sie zu lange an der Luft sind. Also:

Zubereitung:

Vorbereitung des Carpaccio:

Von dem Stück Käse mit einem Gurkenhobel oder Kartoffelschäler hauchdünne Scheiben abschneiden und vorsichtig auf einen Teller im Kreis dekorieren. Du kannst ein paar frische Salatblätter darunter anrichten, wenn es eine Sorte ist, die kräftige Blätter hat. Besonders gut schmeckt Feldsalat. Auch Rauke-Salat passt gut, verleiht dem Carpaccio jedoch eine intensive Note, die von der Milde der Geschmacksrichtung etwas ablenkt. Delikate Salatsorten solltest du lieber zwischen die Lücken dekorieren. Der Salat ist nicht der Hauptbestandteil des Carpaccio, deshalb also wenig davon einsetzen. Den Teller abdecken und kühlstellen.

---

[18] Ital.: Genau!

Die Nüsse in mundgerechte Stückchen hacken und in einer Schüssel zur Seite stellen. Ein paar halbe Walnüsse kannst du als Deko groß lassen, das sieht als Abschluss oben auf dem Carpaccio nett aus.

Die Birnen waschen, auf einem Schneidebrett zurechtlegen, aber noch nicht schneiden!

Das Dressing

Einen guten Schuss Olivenöl und einen Esslöffel Honig mit einer Gabel zu einer cremigen Masse verquirlen. Pfeffer und Salz zugeben, nach Belieben auch ein Schuss Essig. Zur Seite stellen.

Das Carpaccio wird serviert

Kurz vor Servieren die Birnen hauchdünn aufschneiden und zwischen bzw. um die Käsescheiben dekorieren, sodass diese jedoch nicht zerbrechen. Wenn es schnell gehen muss, kannst du die Birnen auf die Käsescheiben legen und nochmals ein paar dünne Käsescheiben dann auf die Birnen.

Das Dressing nochmal kurz mit der Gabel aufschlagen und darüber träufeln. Vorsicht, es ist ein intensives Dressing, deshalb dürfen wirklich nur Tropfen über dem Gericht verteilt werden. Etwas groben Pfeffer zum Abschluss darüber geben.

Es gibt zwei Möglichkeiten, dieses Antipasto zu servieren: Entweder du portionierst es bereits auf kleine Teller pro Person oder du richtest es auf einer größeren Platte an. In jedem Fall muss dazu Brot auf dem Tisch stehen. Das habe ich zwar schon mehrfach gesagt und gilt freilich grundsätzlich, aber besonders für dieses Antipasto braucht es das Brot unbedingt!

Insalata di farro –
Italienischer Dinkelsalat (herzhaft)

Zutaten für 4 Personen:

200 g Dinkelkörner
1 Gemüse-Brühwürfel
½ kleines Glas schwarze Oliven
2 große Fleisch-Tomaten
1 kleine Frühlingszwiebel
1 Karotte
1 kleines Glas weiße Bohnen
Frische Petersilie
Frisches Basilikum
Etwas Oregano, ebenfalls frisch
2-3 frische Salbeiblätter
Olivenöl
Etwas Chili

Was ich dazu noch sagen wollte...

Diesen Salat kannst du entweder in kleinen Portionen auf Teller portioniert als *antipasto* servieren, aber auch als *primo*. Vor allem im Sommer ist dieser erste Gang in Italien sehr beliebt. Häufig findet man auch die Variante auf Basis von *orzo*[19] auf der Speisekarte. Beide Getreidesorten findet man in vielen italienischen Rezepten, wie zum Beispiel der bekannten *minestrone*.

Lisa liebt diesen Salat, weil er darüber hinaus auch noch sehr gesund ist und weil man ihn mehrere Tage gut im Kühlschrank aufbewahren kann. Vor allen Dingen jedoch (das gibt sie aber nicht zu), liebt sie das Gericht, weil sie damit bei ihren deutschen Freunden auf Partys immer brillieren kann. Es weiß ja keiner, dass *ich* in der Küche stehe! Für den Partysalat muss ich allerdings die Zutatenmenge verdoppeln, aber das tut dem Geschmack ja nichts ab.

Zubereitung:

Die Dinkelkörner mit dem Brühwürfel in etwas Wasser ca. 15-20 Minuten kochen. Sie sollten weich sein, aber noch Biss haben. Dann von der Feuerstelle nehmen und nochmals 5 Minuten mit geschlossenem Deckel ziehen lassen.

Die überschüssige Brühe abgießen. Nicht in den Ausguss, bitte! Welch ein Frevel! Diese Brühe eignet sich nämlich hervorragend für den Fond einer Gemüsesuppe, weil sie fein nach Getreide schmeckt. Also aufbewahren oder einfrieren.

Die Dinkelkörner unter kaltem Wasser in einem Sieb kurz abschrecken, gut abtropfen lassen und in eine große Salatschüssel geben. Die weißen Bohnen ebenfalls absieben und unter kaltem

---

[19] Ital. Gerste

Wasser abspülen, abtropfen lassen und zu den Körnern in die Schüssel geben.

Nun gibst du die letzten Zutaten wie folgt zubereitet hinzu:

- o Die Karotte schälen und in sehr feine Stückchen schneiden.
- o Die Oliven halbieren.
- o Die Zwiebel in feine Stückchen hacken.
- o Die Tomaten halbieren, Körner und Flüssigkeit herausschaben, das Fleisch in kleine Würfel schneiden.
- o Petersilie, Basilikum, Oregano und Salbei fein hacken.

Zum Schluss gibst du eine Prise Chili über alles. Nicht zu viel, der Salat sollte nicht scharf sein, sondern nur eine Note enthalten. Da die Körner in Brühe gekocht wurden, ist normalerweise kein Salz nötig. Wenn du es aber etwas würziger magst, gib zum Schluss noch etwas hinzu.

Alles mit Olivenöl nach Geschmack anmachen. Davon darfst du ruhig etwas mehr zugeben. Alles gut durchmischen und abschmecken.

Mir läuft das Wasser im Mund zusammen! Ich mache mich gleich ans Werk. Heute ist es heiß in Bologna und das ist genau das Richtige für so eine Hitze. Ja genau, wer es noch nicht weiß: Da leben wir nämlich, ich, der Penato, Lisa und ihr *carabiniere* Marco.

Altri Antipasti –
Weitere Antipasti

Da du manche meiner Rezepte sowohl als Antipasto als auch als einen anderen Gang reichen kannst, findest du in dieser Tabelle weitere Rezepte, die als Antipasto geeignet sind, jedoch in einer anderen Kategorie gelistet sind.

Rezept	Wo findest du das Rezept	Seite
Auberginen-Taler	Contorni Beilagen	188
Herzhafte Torte	Secondo Zweiter Gang	164
Fenchel in Olivenöl	Contorni Beilagen	186
Kartoffeltorte	Secondo Zweiter Gang	167
Mostarda mit Käse	Allgemeine Rezepte	36
Basilikum-Peperoni	Contorni Beilagen	205
Rosmarin-Pomodorini	Contorni Beilagen	195

Primo – Erster Gang

Der erste Gang besteht in der Regel entweder aus Suppe, einem Reis- oder einem Pastagericht. Ha! Das ist die Stelle, an der ich nun ein paar Worte über *pasta* und *risotto* loswerden muss. Muss. Darauf habe ich schon lange gewartet!

Wir Penaten und auch Italiener schütteln manchmal entsetzt den Kopf, was dem Gast in Deutschland als „italienisches Pasta- oder Risottogericht" so serviert wird. Ganz zu schweigen von dem, was im Internet an Rezepten kursiert. Moderne Zeiten, ich sage es ja immer wieder! Nicht alles, was die Technik heute hervorbringt, ist ein Segen. Aber lassen wir das … zurück zum Wesentlichen.

Risotto - Reis

Bevor ich zu den Risotto-Rezepten komme, lass dir von mir, Massimiliano Penati, etwas verraten:

Risotto will *al dente* gekocht sein, so, wie Pasta. Das heißt: mit Biss, die Körner einzeln, nicht gebrochen, aber innen weich. Jeder Koch, der es in Italien wagen würde, schlonzigen Reisbrei zu servieren, würde mit Schimpf und Schande aus dem Land gejagt. Ohne Option auf Rückkehr. Deshalb folge meinen Zeitangaben bitte sehr genau. Dann wirst du nicht des Landes verwiesen (-:
Und noch etwas: Reis ist ein *primo*. Keine Beilage! Niemals.

Pasta - Nudel ist nicht gleich Nudel!

Das ist das Gesetz und das solltest du befolgen. Auch, wenn der Teig zur Herstellung der Nudel freilich mehr oder weniger (denn heute erfreuen sich auch in Italien Vollkorn, Dinkel oder Kamut[20] großer Beliebtheit) derselbe ist, die Form macht den Unterschied.

---

[20] Khorasan-Weizen, auch Kamut genannt, ist eine alte Weizensorte. Er ist vermutlich in Chorasan, im Iran, aus einer spontanen Kreuzung des Hartweizens mit einer Weizen-Wildform hervorgegangen.

Das mag auf den ersten Blick nicht so scheinen. Du könntest in die Situation kommen, dass du eines meiner Rezepte nachkochen willst, die passende *pasta* aber nicht zu Hause hast. Na, eine andere wird schon auch gehen, wirst du denken. Nein, wird es nicht!

Manche Rezepte schmecken mit einer anderen Nudelform einfach nicht richtig. Andere nehmen die Sauce nicht so auf, wie sie sollten und dann schmeckt es wieder nicht wie es schmecken könnte. Letztendlich sieht das Ganze auf dem Teller dann auch nicht so aus wie es aussehen sollte. Vertrau mir also! Ich werde dich darauf hinweisen, wenn du für ein Rezept auch andere Pasta verwenden kannst.

Ich muss allerdings zugeben, dass wir Italiener (wir Penaten zählen uns dazu, wenn wir auch - genau genommen - alte Römer des Imperiums sind) es den Ausländern nicht leicht machen. Oft sind wir uns selbst nicht einig, welchen Namen eine bestimmte *pasta* nun haben sollte. Zum Beispiel bekommt man in Ferrara, wenn man *Cappelletti* oder *cappellacci* bestellt das, was in Bologna, das gerade mal 50 Kilometer entfernt lieg, *Tortelloni* heißt. Oder das hier: In manchen Gegenden im Süden Italiens werden Spaghetti *maccheroni* genannt, im Norden hingegen sind das *rigatoni* und damit *pasta corta!* Was in Deutschland als *maccheroni* zu kaufen ist, sind dagegen *bucatini*. Und was in USA als *maccheroni with cheese* bezeichnet wird, spottet sowieso jeder Beschreibung.

Es gibt beinahe endlose Varianten an Nudeln. Jede Region hat ihre Spezialität. Um zu vermeiden, dass hier ein Shitstorm auf mich abhebt - denn wenn es ums Essen geht, kennen Italiener keine Gnade - betone ich jetzt, dass das Folgende ein Überblick über die wichtigsten Pasta-Sorten ist. Ich erhebe nicht den Anspruch eine Nudel-Enzyklopädie zu erstellen. Dafür reicht vermutlich nicht einmal meine Lebenszeit, und die ist wahrlich lange genug.

**Pasta lunga verso pasta corta –
Lange oder kurze Nudeln**

Grundsätzlich unterscheidet der Italiener zwischen langen und kurzen Nudelformen, wobei es natürlich - wie sollte es anders sein - auch innerhalb der Kategorie feine Unterschiede gibt. Ein Rezept für *pasta lunga* ist also selten passend für *pasta corta.* Oder umgekehrt.

Unter die Kategorie „Lange Nudeln" fallen:

Mit **Spaghetti** scherzt man nicht! Wenn wir von dieser *pasta* sprechen, müssen wir mindestens fünf Versionen charakterisieren, die sich meist durch deren Durchmesser unterscheiden: *Capellini* (Haar-Nudeln), *spaghettini* (sehr dünn), *spaghetti classici* (normale Dicke), *spaghetti grossi* (dick) und dann noch die *spaghetti quadrati* (eckige).

An dieser Stelle muss ich leider ein wenig streng werden, denn es haben sich ein paar Unarten in diese Welt geschlichen, die es in der Vergangenheit nicht gab. Die Menschheit entwickelt sich nicht in jedem Punkt zu ihrem Besseren, das muss ich ab und zu einfach anmerken. Vielleicht hilft es ja?

Es hat sich mittlerweile zwar bis in den letzten Winkel der Welt herumgesprochen, trotzdem: Auf keinen Fall - und damit meine ich wirklich: auf keinen Fall! - die Spaghetti brechen, nur weil dein Topf möglicherweise zu klein ist. Spaghetti, auch die extralangen, werden langsam in das kochende Wasser gedrückt, so dass sie lang bleiben! Sonst könntest du ja gleich *pasta corta* machen (einzige Ausnahme sind *Ziti.* Das lassen wir für den Moment noch mal beiseite). Du wirst wohl einen größeren Topf kaufen müssen, wenn das so sein sollte. Oder du kochst eben keine Spaghetti. Das geht aber gar nicht, nein, oder?

Und noch etwas: Der Löffel. Nun muss ich für dich und deine Lan-
desgenossen dabei die Lanze brechen! Touristen wird im Restaurant in Italien leider oft automatisch mit einem Teller Spaghetti der
ominöse Löffel gereicht. Jeder Italiener würde das mit Empörung
zurückweisen. Ausländer nehmen es hin, als ob sie nicht in der
Lage wären, richtig *spaghetti* zu essen. Welch eine Diskriminie-
rung!

Ich habe Lisa vom ersten Tag an trainiert, Spaghetti so zu essen,
wie es in Italien jedes kleine Kind kann: nämlich mit der Gabel!
Zugegeben, das Tischtuch musste ich die erste Zeit immer sofort
nach jeder Mahlzeit waschen. Und sie selbst sich auch. Aber dann
hat sie es doch schnell gelernt.

Dabei ist das ganz einfach. Der Trick ist der: Du steckst die Gabel
vorsichtig so in die Spaghetti, dass du max. 2 Nudeln triffst. Dann
drehst du so lange die Gabel, bis diese die ganze Länge aufgerollt
sind. In Zukunft also: Wehe ich entdecke dich, dass du noch einen
Löffel akzeptierst! Wundere dich nicht, wenn dich eine Katze dann
mahnend umschleicht. Das könnte ich sein.

Nun aber endlich weiter in unserer Übersicht:

Linguine sind ca. 25 cm lang. Im Gegensatz zu Spaghetti sind Linguine nicht
rund, sondern plattgedrückt, jedoch nicht
so fein in der Konsistenz wie *Tagliolini
(feine Tagliatelle)*. Sie haben einen fes-
teren Biss und benötigen daher eine
etwas längere Kochzeit. Die Eigenschaft dieser Pasta fragt also
nach bestimmten Rezepten, die eine bestimmte Konsistenz haben.

Vermicelli sind eigentlich immer noch Spaghetti, aber im Gegensatz zu diesen haben *Vermicelli* einen Durchmesser größer als 2 mm. Sie sind dicker, robuster und haben mehr Konsistenz. Deshalb eignet sich diese Pasta gut für Saucen auf Basis von Wild.

Fettuccine sind die Antwort auf die - in der Regel als frische Pasta - servierten *tagliatelle*. Aber sie sind kürzer. Sie sind vor allem in der Toskana und in Lazio verbreitet und die Basis für berühmte regionale Rezepte. Sie eignen sich gut für Fleischsaucen aller Art oder üppigere Saucen.

Bei **Riginette** oder **Mafaldine** handelt es sich um Pasta vom Land, auch, wenn die Industrie sie längst entdeckt hat. Ihr Name gilt der Ehre der Königin Mafalda di Savoia. Die gewellte Form erinnert an eine Krone. Die Pasta braucht Sauce mit viel Flüssigkeit, da das Gericht sonst zu trocken wird.

Ziti sind ein wenig kompliziert zu essen. Sie ähneln den *bucatini*, haben ein aber noch größeres Loch. Sie werden vor dem Kochen gebrochen, sind aber trotzdem schwierig zu gabeln. Keine Nudel, die ich empfehlen würde. Serviere sie, wenn du jemanden ärgern willst. (-.

Hier nun die **Bucatini**, die in Deutschland als *maccheroni* bekannt sind. Die Nudel ist typisch für die Region Lazio. Diese Pasta mag üppige, schwerere Saucen.

Unter die Kategorie Pasta corta – kurze Nudeln fallen:

Penne sind nach den Spaghetti die meist-verkauften Nudeln in Italien. Auch hier gibt es verschiedene Varianten: *Penne lisce* (glatt), *mezze penne (*kürzer), *penne riga-te* (gerillt). Diese Pasta ist sehr vielseitig einsetzbar. Eine Modeerscheinung, die ich wenig kulinarisch finde, war in den Neunzigerjahren, die Nudeln in Vodka zu zu kochen, noch ein Rezept, das du in diesem Buch nicht finden wirst.

Rigatoni und **Tortiglioni** sind ca. 46 mm lang und 11 mm im Durchmesser. Rigato-ni sind gerade, Tortiglioni dagegen leicht gebogen. Beide gerade geschnitten (im Gegensatz zu Penne, die schräg ge-schnitten sind) und haben Linien, die es begünstigen, dass die Pasta die Sauce gut aufnimmt. Auch sie sind sehr vielseitig verwendbar, besonders aber für Saucen, so-wohl für rote als auch helle.

Sedanini sind kleine Rigatoni, auch liniert und eignen sich gut für Saucen. Sie werden gerne für Kindergerichte verwendet oder für Pasta, die im Ofen überbacken wird. Man kann sie auch Suppen und Minestrone beigeben.

Gramigna sind typisch für die Gegend der Emilia Romagna und finden sich dort auch unter dem Namen „Paglia" oder „Fieno". Es gibt sie traditionell in gelb und grün gemischt. Man isst sie mit Ragù typisch für Bologna, das mit „Salsiccia" (grobe Bratwurst) zubereitet ist.

Fusili sind in verschiedenen Größen zu haben und eignen sich gut für alle Arten von Saucen. Man darf sie aber nur sehr *al dente* zubereiten, weil sie sonst leicht zerbrechen.

Pipette oder Conchiglioni nehmen Saucen auf wie ein Löffel. Die größeren Muscheln werden z.B. mit Spinat/Ricotta gefüllt und im Ofen überbacken. Sie werden im Sommer auch gerne kalt gegessen.

Farfalle erfreuen sich bei Kindern großer Beliebtheit. Sie werden so gekocht, dass die Flügel *al dente* sind und der zentrale Körper härter bleibt. Sie sind vielseitig einsetzbar und werden auch gerne für Sommersalate verwendet.

Paccheri, Calamarata, Canelloni sehen aus wie große Rigatoni. Es gibt sie glatt oder liniert, sind jedoch in jedem Fall von sehr poröser Konsistenz, um den Saft aufzusaugen. Sie werden gerne mit Fischfüllung im Ofen überbacken serviert.

Strozzapreti[21] werden oft hausgemacht. Auch, wenn ich die Nudel hier auflisste, sie sollte eigentlich unter „hausgemacht" laufen. Denn die gekaufte *pasta asciutta* ist einfach kein Vergleich! Die Pasta selbst ist eher schwer, verträgt aber durchaus auch schwere Saucen, die sie durch die Rillenöffnung gut aufnimmt. In der Regel ein eher sättigenderer erster Gang.

Dies grundsätzlich zur Form. Das reicht schon mal fürs erste. Doch dann kommt auch noch die philosophische Grundsatzfrage hinzu: Hartweizen oder anderes Mehl? Vollkorn oder Weißmehl? Eier oder nicht? Und letztendlich noch gefärbte Nudeln ... dazu jedoch später.

Gehen wir schrittweise vor. Vorher gibt es nämlich noch eine andere Unterscheidung!

---

[21] Ital.: *strozzare* heißt erdrosseln, *prete* ist der Priester, frei übersetzt bedeutet das also so viel wie: Die Priester erdrosseln. Woher das kommt? Die Pasta ist eher schwer und ist eine Anspielung auf den ausgeprägten Appetit der Priester in der Vergangenheit. Es gibt viele Wege, die politische Meinung zu äußern. Italiener taten es oft mit Musik und Essen.

Pasta asciutta verso pasta fresca –
Frische oder trockene Nudeln

Häufig höre ich in Deutschland den Begriff *„Pasta Asciutta"* gleich-gesetzt mit *„Spaghetti Bolognese"*. Mal abgesehen davon, dass in Bologna, die Stadt des *ragù bolognese* - nebenbei erwähnt mein und Lisas und Marcos Wohnort - niemand, aber wirklich auch <u>nie-mand</u>, *spaghetti* mit *ragù* essen würde, solltest du wissen, was der Begriff „Pasta Asciutta" bedeutet. Nämlich schlicht: getrocknete Nudeln. Es sagt nichts darüber aus, *wie* die Nudel zubereitet wird.

In Bologna isst man die berühmte Fleischsauce traditionell mit *tagliatelle* oder *pasta corta*. Jeder *Bologneser* denkt sofort an Tou-risten, wenn er einen Teller Spaghetti mit Ragout sieht, glaub mir. Also: Nicht mehr bestellen im nächsten Urlaub, auch, wenn es auf der Speisekarte steht. Die ist auch für Touristen!

Im Gegensatz zu *pasta asciutta* bedeutet *pasta fresca:* frische Nudeln. Diese wurden früher von der *nonna*[22] - oder von einem Penato wie mich - zu Hause zubereitet, war also hausgemacht. Moderne Zeiten haben aber alles auf den Kopf gestellt. Kaum je-mand hat noch Zeit dazu, obwohl das sehr schade ist, denn haus-gemachte Pasta ist einfach ein Gedicht. Doch auch dazu später.

Heute findest du jedenfalls *pasta fresca* auch im Kühlregal eines jeden Supermarkts. Sie sind, im Gegensatz zu trockenen Nudeln, nur im Kühlschrank kurzfristig haltbar. Frische Nudeln auf der Speisekarte eines Restaurants bedeuten also nicht zwingend, dass diese hausgemacht sind! Da fragst du besser nach.

Auch, wenn diese einst frischen Nudeln mittlerweile von der In-dustrie entdeckt oft als trockene Nudeln angeboten werden, ich, Massimiliano Penati, meide diese. Wenn du die Möglichkeit hast, die folgende Pasta als „fresca" zu kaufen, dann - keine Diskussion!

---

[22] Oma

Tagliatelle sind Bandnudeln und als solche relativ einfach selbst zu machen. Wenn man dazu keine Zeit hat, dann ist die gekaufte *pasta fresca* angesagt. Naja, auch *pasta asciutta* kann mal durchgehen. Aber du wirst selbst sehen: Einmal *Ragù* Bolognese mit Tagliatelle auf Basis von *pasta fresca* gegessen, wirst du freiwillig meinem Rat folgen. Da bin ich mir sicher.

Pappardelle sind breiter als Tagliatelle und in der Konsistenz poröser. Sie werden ebenfalls mit *ragù* gegessen. Es ist Geschmacksache, ob man lieber diese oder Tagliatelle bevorzugt.

Tagliolini sind auch Bandnudeln, aber feine. Sie kochen schnell *al dente*, Vorsicht! Da bleibst du besser dabei stehen. Sie wollen delikate Saucen, also keine Fleischsauce (!), sonst wird das eine Pampe. Das wollen wir doch nicht!

Pici sind eine Spezialität der Toskana. Sie sind meistens hausgemacht und haben eine schwerere Konsistenz. Klassisch werden sie mit einer üppigen Käse-Pfeffer-Sauce gegessen. Pici sind sehr sättigend - aber *mamma mia! Che buono!*

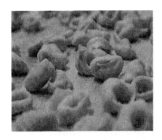

Tortellini sind <u>kleine</u> fleisch- oder schinkengefüllte Nudeln. Fleischfüllung wird in hausgemachter Rinderbrühe oder mit Sahne, Schinken nur mit Sahne gegessen. Nicht anders bitte, wie das Lisa - mit wenig Erfolg - einst probiert hat.[23]

Tortelloni sehen aus wie Tortellini, nur sind sie größer. Sie haben <u>keine</u> Fleischfüllung, max. ist Schinken einer Füllung beigemischt. Klassische Füllungen sind z.B. Kürbis, Ricotta, Spinat, oder auch Brennnessel. Du findest aber auch Kartoffel,- Trüffel oder Pilzfüllung, oft in Kombination mit Salbei. Fisch, Tofu oder schwerer Käse sind jedenfalls keine klassischen Füllungen und würden bei mir ein Stirnrunzeln hervorrufen.

Ravioli haben eine traurige Vergangenheit: Wurden sie doch - mir erzittern die Schnurrhaare beim bloßen Gedanken - in Dosen verkauft! Das haben die armen Ravioli nicht verdient. Wirklich nicht. Dabei sind sie so was von beachtenswert. Auch sie, eine Pasta, die relativ einfach selbst herzustellen ist. Die Füllungen sind vielfältig: u.a. Tomaten mit Basilikum, Kürbis, Nusspaste, Ricotta mit Spinat, Pilze, Trüffel, Salbei, Brennnessel oder Spargel. Ravioli werden als leichte Mahlzeit betrachtet, also nicht mit schwerer Füllung angereichert und auch mit leichten Saucen zubereitet.

---

[23] Du kannst das nachlesen im Buch „Massimiliano, Dolce Vita auf leisen Pfoten"

Pasta fatta a casa –
Hausgemachte Nudeln, na klar: die Königsdisziplin!

Alle *pasta fresca* und auch manche Sorten der *pasta asciutta* kannst du selbstverständlich selbst machen und wirst damit konkurrenzlos sein - egal, mit welchem Rezept. Doch bevor ich dazu komme, noch ein paar Worte zu der berühmt-berüchtigten Philosophie des Grundrezepts für den Teig der Pasta.

Darüber könnte ich nun seitenweise Ausführungen auflisten. Nur das Wesentliche sei an dieser Stelle kurz gesagt:

Es ist mittlerweile jede Art von Pasta erlaubt, so lange die Qualität stimmt: Hartweizen, Vollkorn, Kamut oder Dinkel, mit oder ohne Ei, gefärbt oder nicht. Erlaubt ist, was schmeckt. Wenn gefärbt, dann auf natürliche Weise durch Spinat, Brennnessel, Rote Bete, Karotten, Sepia usw. und dann freilich mit der entsprechenden Sauce abgestimmt. Das hat nichts mit Gesundheit oder Bio zu tun, sondern mit Geschmack. Wenn in Italien eine Nudel abgelehnt wird, dann billig gefertigte Pasta von schlechter Qualität.

Und woran erkennt man üble Qualität? Ganz einfach: Eine Pasta, die zu schnell weich wird, die man nicht richtig *al dente* zubereiten kann, ist von schlechter Qualität.

Grundrezept für hausgemachte Pasta

Zutaten für 4 Personen:

350 g Mehl oder 310 g Vollkorn-Mehl
3 Eier
100 ml kaltes Wasser
Etwas Salz

Was ich dazu noch sagen wollte...

Hausgemachte Nudeln herzustellen, das ist ähnlich wie Weihnachtsplätzchen backen: Es braucht Leidenschaft, Ruhe und Ausdauer. Aber das Resultat ist, wie bei Weihnachtsgebäck auch, schlicht umwerfend.

Früher haben die *nonne*[24] der Familie - oder noch früher die Penaten - schon am Freitag oder spätestens am Samstag die Pasta vorbereitet, die am Sonntag aufgetischt wurde. Heute hat die normale Familie auch in Italien dazu kaum noch Zeit. Deshalb wird die hausgemachte Pasta für besondere Anlässe zubereitet.

---

[24] Ital: Großmütter

Zubereitung:

In die Mitte des Mehls eine Mulde machen. Die Eier und Wasser mit etwas Salz hineingeben und von innen heraus mit dem Knetquirl vermengen, bis ein fester Teigklumpen entsteht. Im Kühlschrank min. 2 Stunden ruhen lassen.

Den Pastateig, je nach Rezept, entweder zwischen zwei Folien Backpapier ausrollen oder mit der Nudelmaschine arbeiten. Wichtig dabei ist, dass der Teig sehr dünn sein muss! Ähnlich wie bei dem klassischen deutschen Apfel-Strudelteig muss man bei Nudelteig hindurchsehen können! Stell dir vor, wenn du den Test machst, ich stehe auf der anderen Seite. Siehst du mich? Siehst du meine Schnurrhaare? Nein? Dann: weiterwalken!

Die Form deiner Nudel überlasse ich nun dir. Du hast ja selbst gelesen, wie viele verschiedene es da gibt. Für den Anfang möchte ich dir aber raten, Tagliatelle zu machen. Und wenn die nicht schön gleichmäßig werden, *fa niente*[25], dann sind es eben *maltagliati*[26] (-. Die gibt es wirklich! Großes Penaten-Ehrenwort!

---

[25] Ital: macht nichts!
[26] Ital. wörtlich: schlecht Geschnittene, Bezeichnung für hausgemachte Nudeln mit ungleicher Größe, die sogar so auf der Speisekarte zu finden sind und ausgesprochen gut schmecken, weil hausgemacht.

Grundrezept für hausgemachte Gnocchi

Zutaten für 4 Personen:

1 kg Kartoffeln
1 Ei
300 g Mehl
Etwas Salz
Platz in der Küche für Ablagefläche

Was ich dazu noch sagen wollte...

Va bene! L'ammetto[27]. Auch Gnocchi selbst herzustellen, ist natürlich aufwendig und für den Arbeitsalltag nicht unbedingt brauchbar. Aber es ist etwas weniger mühsam als Pasta - meiner Meinung nach. Und natürlich schmecken hausgemachte Gnocchi einfach göttlich! Außerdem kannst du sie herstellen, wenn du gerade mal Zeit und Lust hast und sie hervorragend roh einfrieren.

---

[27] Ital. Na gut, ich gebe es zu.

Und, ich verrate dir noch etwas: Die Rillen musst du nicht unbedingt machen. Gnocchi gibt es auch durchaus glatt. Aber, die sind dann dafür kleiner. Wenn du also meinst, Zeit zu sparen, dann lass dir sagen, dass es gehupft wie gesprungen ist.

Es gibt so viele Rezepte für hausgemachte Gnocchi, in allen Geschmacks- und Farbvarianten, die man sich denken kann. Ich verrate dir hier ein altes Rezept, ganz traditionell. So, wie wir Penaten Gnocchi vor langer Zeit schon gemacht haben. Naja, um bei der Wahrheit zu bleiben, ganz so lang zurück auch wieder nicht. Schließlich kannte man die Kartoffel auch in Italien erst nach Columbus und bis zu den Kartoffel-Gnocchi hat es noch etwas gedauert. Wenn mich mein Gedächtnis nicht täuscht, habe ich die ersten Kartoffeln überhaupt so um das Jahr 1600 verarbeitet. Wir haben ganz schön große Augen gemacht, was da so alles aus der neuen Welt zu uns kam: Tomaten, Bohnen, Paprika, Mais und eben auch die Kartoffel. Alles Gemüse, das man vorher in Italien nicht kannte. Doch was haben wir Italiener nicht alles daraus gezaubert! … Was wollten wir noch gleich machen? *Giusto! Gnocchi. Ecco, si fa cosi!*[28]

Zubereitung:

Die Kartoffeln kochen, schälen und sofort durch die Presse drücken. Die Kartoffeln müssen noch warm sein, wenn du den Teig machst.

Mit dem Mehl und dem Ei vermengen zu einem glatten Teig. Einen Teil davon abstechen, um die Teilchen zu formen, den Rest mit einem Tuch abdecken.

Auf einer bemehlten Fläche den Teig zu einer langen Wurst rollen und in gleichmäßige Stücke schneiden. Wenn du Rillen machst (mit der Gabel eindrücken), dürfen die Teilchen etwas größer sein.

---

[28] Genau! Gnocchi. Also, so macht man das!

Wenn du keine Rillen machst, sollte die Wurst dünner sein und die Stückchen kleiner.

Die Teile vorsichtig auf ein sauberes, mit Mehl bestäubtes Geschirrtuch auf einem Brett ablegen. Nicht übereinanderschichten, da sie sonst zusammenkleben.

Auf diese Weise den gesamten Teig verarbeiten. Die so vorbereiteten Gnocchi können kühl und trocken gelagert werden (auf einem Brett mit Abstand zu einander!). Du kannst sie also gut vorbereiten und später verarbeiten.

Wenn du sie einfrieren möchtest, muss du sie auf dem Blech mit Abstand zu einander einfrieren und erst, wenn sie hart sind, in einen Beutel füllen. Das ist ein bisschen mühsam. In der Zeit, die du dafür aufwendest, hast du auch einen neuen Teig gemacht.

Aber ich muss zugeben, dass Lisa es manchmal trotzdem macht, denn Marco liebt Gnocchi. So kann er sich schnell einen Teller davon zubereiten, wenn er spät nachts von einem Einsatz kommt. Das ist Liebe!

Si si, certo![29] Sie hinterlässt nach so einem Einsatz die Küche wie ein Schlachtfeld. Ich habe das in der Phase meiner Familiengründung mit den beiden schweigend (wenn auch grummelnd) hingenommen und hinter ihr her geputzt. Nun komme ich aus der Nummer schwer wieder raus. Sie hat sich daran gewöhnt. Aber ich wäre ja nicht Massimiliano, wenn mir da nichts einfallen würde! Wir werden ja sehen …

---

[29] Ital: wörtlich: jaja, sicher. Wird aber meistens im sarkastischen Sinn verwendet und signalisiert so viel wie: wer's glaubt, wird selig, oder: ist mir völlig egal, oder: ich glaube das Gegenteil, sage aber nichts mehr dazu.

Spaghetti Massimiliano (mild)

Zutaten für 4 Personen:

Ca. 500 g Dattel-Tomaten (Cocktail-Tomaten)
400 g Dinkel-Spaghetti[30]
Frisches Basilikum
Kaltgepresstes Olivenöl
Etwas Meersalz
Etwas Chiliflocken
Frischer Parmesankäse oder Grana im Stück
Frisches Brot

---

[30] Das Rezept funktioniert auch mit Tagliolini

Was ich dazu noch sagen wollte ...

Gute Zutaten sind freilich immer die Basis für jedes gelungene Gericht. Glaube einem alten Penato! Ich habe schon manchen Koch vom Himmel der Sterne fallen sehen im Verlauf dieser Zeit. Zu Zeiten des alten Roms konnte es fatal sein, als Koch in Ungnade zu fallen. Besonders, wenn man ein Sklave war. Aber ich schweife schon wieder ab ...

Wenn ich die Tatsache guter Qualität der Zutaten hier besonders betone, dann aus dem einen Grund, dass der Geschmack dieses Rezepts mit der Qualität der Zutaten steht und fällt. Wenn du aber meinen Anregungen folgst, dann wirst du staunen! Es ist ein Rezept, das ganz einfach ist, es aber in sich hat.

Es müssen nicht Dattel-Tomaten sein. Auch andere wohlschmeckende Cocktailtomaten sind gut geeignet. Klein müssen sie sein, reif und süß. Wenn du kannst, beim Gemüsehändler vor dem Kauf kosten!

Dasselbe gilt für das Olivenöl. Es sollte kalt gepresst und hochwertig sein und keinen allzu herben Geschmack haben. Ich weiß natürlich, dass es heutzutage nicht so einfach ist, das Öl vorher zu probieren. Man kann ja schlecht im Supermarkt die Flasche aufschrauben und daran lecken. Ich rate dennoch zu einer Verkostung, bevor du es für dieses Rezept verwendest. Das Öl ist nämlich - wie die Tomaten - das Geheimnis des Geschmacks.

Zubereitung:

Die Tomaten

Ich bereite die Tomaten immer am Tag vorher zu, während ich etwas anderes koche. Das läuft quasi nebenher und später, wenn ich das Rezept hier koche, geht es dann ganz schnell. Das ist einfach bequemer, muss du aber nicht so machen.

Die Tomaten waschen, abtropfen und in einem Topf zugedeckt auf der niedrigsten Stufe ganz langsam erhitzen. Der Saft der Tomaten tritt behutsam aus, ohne dass diese völlig zermatschen oder anbrennen oder die Vitamine verloren gehen. Du kannst sie nach einer Weile mit einem spitzen Messer auch anstechen, damit der Saft schneller austritt. Das dauert ca. 1-2 Stunden.

Fertig ist es, wenn ausreichend Saft im Topf ist und die Tomaten leicht zerdrückt sind, aber noch die Form einer Tomate haben (siehe Foto). Du musst auch nicht die ganze Zeit vor dem Topf stehen. Es genügt, ab und zu einen Blick auf den Vorgang zu werfen.

Den Saft siebst du ab. Lass es ruhig ein wenig stehen, bis keine Flüssigkeit mehr heraustropft. Ich trinke den kühlen Saft immer gerne zum Essen. Lisa und Marco bevorzugen ihn mit Wodka und Selleriestange als *Bloody Mary*. Aber du kannst ihn auch für eine Tomatensuppe verwenden (das ist übrigens kein italienisches Gericht und wird von den meisten meiner Landsleute verabscheut - zu Unrecht, meiner Meinung nach. Nicht logisch? *Può darsi, ma non tutto si spiega con logica, particolarmente non in Italia!*[31]

Nun gießt du die Tomaten mit Olivenöl auf und zwar so viel, bis die Tomaten <u>fast</u> bedeckt sind mit Öl. Ja, das ist viel. Keine Sorge, das muss so sein. Kaltgepresstes Olivenöl ist ein gesundes Fett und macht nicht dick, also keine Angst. Gib noch ausreichend kleingehacktes frisches (!) Basilikum hinzu - je nach Geschmack. Gut vermischen, aber vorsichtig sein, damit die Tomaten die Form behalten.

Diese Masse kannst du in einem verschlossenen Behälter im Kühlschrank aufbewahren, wenn du sie nicht sofort verarbeiten willst. Du kannst die so zubereiteten Tomaten nicht nur für mein Rezept hier verwenden, sondern das Gemüse auch als Beilage zu Fleisch oder Fisch leicht erwärmt (nicht erhitzt, das verdirbt die

---

[31] Ital: Das mag sein, aber nicht alles lässt sich mit Logik erklären, besonders nicht in Italien.

Vitamine im Öl!) oder kalt servieren. Sie halten mehrere Tage im Kühlschrank frisch.

Die Spaghetti

Die Spaghetti in kochendes Wasser mit ausreichend Salz und Chili geben. *Al dente* kochen.

Die Nudeln absieben (nicht abschrecken!) und zurück in den noch heißen Topf kippen. Die Tomatenmasse nach Belieben hinzugeben und durchrühren. Nach Verlangen noch etwas Salz zugeben (aber Vorsicht! Der Parmesankäse, der später noch darüber kommt, ist auch salzig. Das musst du berücksichtigen). Sofort auf die Teller portionieren, etwas gehacktes frisches Basilikum drüberstreuen und servieren.

Der Parmesankäse steht als Stück mit einer speziellen Reibe auf dem Tisch. Wer will, reibt selbst etwas von dem Käse über das Gericht. Zu dem Gericht solltest du auch immer frisches Brot auf dem Tisch haben. Das hat in Italien Tradition.

Ich, Massimiliano, als echter italienisch-römischer Penato mag eher weniger Sauce in den Spaghetti, Lisa als deutsche Ausländerin in Italien, bevorzugt es gerne fruchtig. Du siehst also, jeder macht dieses Gericht ein wenig anders. Aber in jedem Fall ist es immer - und damit übertreibe ich nicht - ein echter Erfolg.

Spaghetti integrale pesto panna –
Sahne-Pesto-Vollkorn-Spaghetti (herzhaft)

Zutaten für 4 Personen:

400 g Vollkorn-Spaghetti[32]
2 Tomaten
1 Becher gutes Pesto (wenn möglich, frisch aus der Kühltruhe)
Frische Petersilie (bei Pesto aus dem Glas)
Frisches Basilikum (bei Pesto aus dem Glas)
250 ml Sahne
Pinien- oder Kürbiskerne

---

[32] Das Rezept funktioniert auch gut mit normalen Spaghetti, Linguine oder Fusili

Was ich dazu noch sagen wollte ...

Ma certo![33] Du kannst das Rezept auch mit normalen Spaghetti machen. Aber die Sauce eignet sich hervorragend für Vollkorn, da sie kräftig im Geschmack ist und sich gut an die Struktur der Pasta heftet. Das ist ein Gericht, das ich immer dann auf den Tisch bringe, wenn Marco einen anstrengenden Tag hatte oder besonders hungrig ist. Naja, eigentlich ist er immer hungrig, das wäre also kein Indiz, aber irgendwie will ich dir ein Bild geben, wann sich diese Pasta gut eignet. Äh, vielleicht lassen wir das ... wirst du auch selbst herausfinden.

Zubereitung:

Das Pesto in einem kleinen Topf separat auf kleiner Flamme erhitzen. Die flüssige Sahne zugeben und verrühren. So lange köcheln lassen, bis es eine sämige Sauce ergibt. Weil das ein bisschen dauert, mit diesem Arbeitsschritt beginnen.

Falls du frisches Pesto verwendest, entfällt dieser folgende Schritt hier. Für Pesto aus dem Glas peppt das jedoch den Geschmack auf! Die Petersilie und das Basilikum also wie folgt behandeln: Die Blätter schneiden und zur Seite legen. Die werden erst ganz zum Schluss zugegeben. Die Stängel und den Rest fein hacken und zu dem Pesto geben und mitköcheln lassen.

Während die Pasta dann im Wasser kocht, würfelst du die Tomaten und entfernst dabei die Kerne und den flüssigen Innenteil.

Die Pinien- oder Kürbiskerne in einer kleinen Pfanne auf niedrigster Hitze langsam und ganz leicht rösten (ohne Fett), damit die Vitamine nicht völlig verloren gehen. Wenn du sie zu sehr röstest, verwandelt sich das Wertvolle in den Kernen in weniger Gesundes. Außerdem geht der feine Eigengeschmack dabei verloren.

---

[33] Ital: aber sicher!

Pasta und Sauce mit den gewürfelten Tomaten und den restlichen Kräuterblättern vermischen - wie immer: im heißen Topf und die Nudeln nicht unter kaltem Wasser abgeschreckt. Auf die Teller portionieren und ein paar der warmen Kerne darüber geben.
Pronto! A tavola![34]

---

[34] Ital: Fertig! Zu Tisch! Oder: Essen kommen!

Linguine estive piccante –
Pikante Sommer-Linguine (herzhaft)

Zutaten für 4 Personen:

400 g Linguine
4 kleine Zucchine
1 Glas Schwarze Oliven ohne Steine
1 Frühlingszwiebel
1 kleine Knoblauchzehe
250 g Datteltomaten
80 ml kaltgepresstes Olivenöl
Mittelscharfe Chiliflocken
Parmesan

Was ich dazu noch sagen wollte ...

Diese Gemüsepasta ist der absolute Sommerhit und einer meiner größten Erfolge! Gerade bei heißen Temperaturen im Sommer schmeckt dieses Gericht besonders. Was nicht heißt, dass ich es nicht auch im Winter auf den Tisch bringe.

Die Besonderheit daran ist, dass man davon gerne zwei Portionen verspachteln kann, ohne ein Völlegefühl zu haben. Für hungrige Mäuler wie Marco und Lisas Freunde waren die o.g. Mengenangaben immer zu wenig. Ich kenne ja deine Familie und deine Freunde nicht. Deshalb könnte es sein, dass du sie beim nächsten Mal anpassen musst (-: Aber erst Mal dem Rezept folgen! Es sind schließlich nicht alle solche *golosi*[35] wie meine Familie.

Lass dir an dieser Stelle verraten, dass es auf dieses Rezept hier zurückzuführen ist, dass die Spaghetti-Zange (auch Nudelheber genannt) überhaupt erfunden wurde. Überflüssig zu sagen, wer das war: Ich natürlich. Ich war es einfach leid, dass mir die Pasta ständig vom Löffel rutschte. Ich habe die Idee dem Erfinder heimlich auf den Tisch gelegt. Ich bin ja dazu gezwungen, es auf diesem Wege zu tun, weil mich die meisten Menschen nicht als Penato mit langjähriger Erfahrung, sondern nur als Kater wahrnehmen und mich gar nicht hören können, und wenn sie es können, ihren Ohren nicht trauen. Der Tüftler damals hat sie jedoch - Jupiter sei Dank! - aufgegriffen. Heute gibt es meine Erfindung in jedem Haushaltsfachgeschäft zu kaufen. Falls du so etwas also noch nicht besitzt: das wäre mal eine sinnvolle Investition.

Zubereitung:

Bevor du die Nudeln ins Wasser gibst, ist das Gemüse vorzubereiten. Es muss ein wenig ziehen, deshalb gut eine Stunde vorher damit beginnen.

Die Zucchine in sehr kleine Würfelchen schneiden (ähnlich wie eine grob geschnittene Zwiebel). In eine Schüssel geben.

---

[35] Ital: Schleckermäuler, Genießer

Die Oliven absieben und in kleine Ringe schneiden. Es gibt auch bereits so geschnittene Oliven im Glas. Wenn du Glück hast, findest du ein solches und sparst dir diesen Arbeitsschritt. Die Oliven zu den Zucchine geben.

Den grünen Teil der Frühlingszwiebel ebenfalls in kleine Ringe schneiden und zugeben.

Die frischen Datteltomaten halbieren und zum Schluss zugeben.

Die Knoblauchzehe in das Olivenöl drücken und verrühren. Chili nach Geschmack zugeben. Dann in die Schüssel zu dem Gemüse geben und vorsichtig vermengen. Ziehen lassen.

Da das Gemüse roh bleibt und nicht weiter gewürzt wird (!) sollte das Nudelwasser entsprechend gut gesalzen sein. Die Linguine darin *al dente* kochen.

Die Pasta absieben und wieder in den heißen Topf zurückgeben (ich weiß, ich wiederhole mich: nicht abschrecken!).

Jetzt das Gemüsegemisch untermengen, gut verrühren und sofort servieren. Wenn dir beim Servieren die Nudeln „ausbüchsen", musst du eben etwas üben oder eine Spaghetti-Zange verwenden. Das Gemüse versteckt sich gerne auf dem Boden des Topfs, deshalb mit einem Löffel herausfischen und davon ein wenig auf die Nudeln dekorieren.

Lasst es Euch schmecken!

Tagliolini al limone –
Tagliolini in Zitronen-Sahne (mild)

Zutaten für 4 Personen:

400 g Tagliolini
200 ml frische Sahne
200 ml Schmand
1 mittelgroße Bio Zitrone (ungespritzt!)
Frische Petersilie
Pfeffer
1 Brühwürfel Gemüse oder Huhn

Was ich dazu noch sagen wollte …

Das Land, in dem die Zitronen blühen … logisch, in dem Land gibt es auch jede Menge Rezepte mit dieser Frucht. Eines meiner persönlichen Favoriten ist dieses hier.

Wer mich kennt, weiß, dass ich viel und gerne mit Zitronen arbeite. In Bologna ist es nicht immer leicht, an frische Zitronen vom Baum zu kommen. Seit ich hier lebe, musste ich da etwas kreativer vorgehen als früher. Heute muss ich leider manchmal zu ungewöhnlichen Mitteln greifen, auch, wenn Lisa das nicht passt. Glücklicherweise gibt es in der Stadt genügend Leute, die Zitronenbäumchen auf dem Balkon züchten und wenn da mal eine fehlt … naja, die merken das doch gar nicht! Lisa meint, dass sich das nicht gehört. Aber Lisa ist auch Deutsche …

Zubereitung:

Die Schale der Bio-Zitrone reiben. Dabei musst du vorsichtig sein, nicht den weißen, schaumigen Teil der Schale zu erwischen, denn der gibt einen bitteren Geschmack!

Frische Petersilie kleinhacken.

Die Sahne und den Schmand in einen Saucentopf geben. Den Brühwürfel darin zerbröseln, so dass sich dieser gut auflöst.

Die geriebene Zitronenschale und etwas Pfeffer zugeben und unter ständigem Rühren langsam erhitzen. Solltest du keine frische Zitrone parat haben, dann kannst du getrocknete Flocken (siehe Rezept Seite 29) in einem Mörser zerreiben und das Pulver verwenden. Sollte die Sauce zu dick werden, etwas Wasser zugeben. Die Sauce sollte dickflüssig sein.

Tagliolini sind schnell gar, zumal auch diese unbedingt *al dente* gekocht werden müssen. 1-2 Minuten genügen in der Regel. Dabei stehenbleiben! Wenn diese Pasta zu lange kocht (und das kann ganz schnell passieren), wird es mit der Sahnesauce ein Batzen und das Essen ist ruiniert!

Sobald die *pasta* durch ist, abgießen und - wie immer - nicht abschrecken, sondern zurück in den noch heißen Topf geben. Die Sahnesauce mit der frischen Petersilie im Topf mit den Nudeln vorsichtig vermengen. Auf Tellern portionieren.

Es sieht recht hübsch aus, wenn du jeden Teller mit einer Scheibe der Zitrone dekorierst. Ich konnte das Foto leider nicht so anrichten, da ich die Frucht sofort anderweitig verwendet habe. *Mi dispiace*[36]. Aber ich denke, das kannst du dir auch so gut vorstellen.

Noch eine Anmerkung zum Schluss: Wenn du die geriebene Zitronenschale am Tag zuvor in die Sahne gibst und diese im Kühlschrank über Nacht ziehen lässt, schmeckt die Sauce noch viel intensiver nach Zitrone. Ich mache das immer so!

---

[36] Es tut mir leid

Farfalle al salmone – Lachs-Farfalle (mild)

Zutaten für 4 Personen:

400 g Farfalle-Nudeln[37]
350 g Lachsfilet (frisch oder gefroren)
Etwas Butter
Etwas Olivenöl
Etwas Dill (nach Möglichkeit frisch)
1 Karotte
½ Zwiebel
½ Glas Weißwein oder Prosecco
1 Esslöffel feine Haferflocken
1 Pürierstab oder Mixer

---

[37] Das Rezept funktioniert auch mit Fusili oder Penne, sieht aber auf dem Teller nicht so hübsch aus.

Was ich dazu noch sagen wollte …

Manche denken heute noch so: Alles südlich der Donau und des Rheins ist Nord-Italien. Damals, zu Zeiten des römischen Imperiums waren diese beiden Flüsse lange die Grenze nach Norden. Stimmte also.

Was das mit diesem Rezept zu tun hat, willst du wissen? Zugegeben, ich hole etwas weit aus. Aber damals, stell dir das bitte vor, damals war der Rhein der lachsreichste Fluss in ganz Europa! Zu Laichzeiten schien der Oberlauf des Rheins zu kochen, so viele Lachse schwammen die Strömung hinauf, um dort ihre Eier abzulegen. Damals gab es auch noch Bären in den Wäldern und man musste achtsam sein, sich nicht um die Fische zu streiten. Solche Bilder kennst du heute nur noch aus Kanada oder Russland, und selbst das nur mit Glück. Die Römer lernten diesen Fisch also nicht zuletzt durch diesen Fluss zu schätzen.

Was habe ich nicht für großartige Rezepte für frischen Lachs direkt aus dem Fluss erfunden! Einmal habe ich einen fast 2 Meter langen Lachs an Land gezogen. Kein Anglerlatein! Großes Penaten-Ehrenwort. Aber das ist lange her … seufz. Diese Rezepte würden dir heute wenig nützen. Lass uns also zu dem kommen, was auch in modernen Zeiten Sinn ergibt.

Dieses Rezept hier ist entstanden, weil ich natürlich den ganzen Fisch verarbeitet habe, nicht nur das Filetstück. Aber, ich muss selbst sagen, dass es eines meiner besten ist. Es ist ein hervorragendes *primo* für ein Fischmenü.

Zubereitung:

Als erstes kochst du die *farfalle*[38]. Diese Pasta braucht etwas länger, bis sie *al dente* ist, besonders, wenn du Dinkel verwendest, was für dieses Rezept sehr fein schmeckt. Ist aber kein Muss. Währenddessen schneidest du die Lachsfilets in kleine Würfel. Auch die Zwiebel würfeln und die Karotte schälen und fein raspeln.

Dann schwitzt du Zwiebel und Karotte in einer Pfanne mit etwas Butter und Olivenöl an. Wenn die Zwiebel glasig ist, gibst du die Lachswürfel hinzu. Alles unter vorsichtigem Rühren weiter anschwitzen.

Wenn der Lachs von allen Seiten hell ist, gibst du den Weißwein zu und lässt das Ganze auf niedriger Temperatur simmern. Wenn die Sauce zu sehr verdunstet, etwas Weißwein und Butter nachgeben.

Circa zwei Minuten bevor die Pasta abgesiebt werden kann, nimmst du einen Schöpflöffel des Nudelwassers und verrührst diese in einem hohen Gefäß mit den Haferflocken. Dann gibst du die Hälfte des Pfanneninhalts dazu und pürierst alles zu einer cremigen Sauce. Achte darauf, dass genügend Würfel Lachs und etwas Sauce in der Pfanne bleiben und vor allem die Karotte püriert wird. Ein paar Fäden der Karotte dürfen auch in der Pfanne bleiben. Das Orange macht sich auf dem Teller hübsch.

Die pürierte Creme gibst du nun vorsichtig wieder in die Pfanne zu dem Rest und verrührst alles mit ein wenig frischem Dill. Nun hast du eine cremige Sauce, in der ein paar Würfel Lachs schwimmen.

Die Pasta absieben, ohne Abschrecken (irgendwann werde ich nun aufhören das zu sagen) zurück in den Topf und mit der Sauce aus der Pfanne komplett vermengen. Mit einem Schöpflöffel auf die Teller portionieren und servieren.

---

[38] Ital: wörtlich: Schmetterlinge

Rigatoni tonno pomodoro –
Rigatoni mit Thunfisch und Tomaten (herzhaft)

Zutaten für 4 Personen:

400 g Rigatoni (das Rezept funktioniert auch mit Penne, Fusili oder Farfalle)
300 g Thunfisch aus der Dose (in Wasser!)
1 kleine Dose Tomaten (gewürfelt!), oder …
… für frische Tomaten: 250 g klein gewürfeltes Tomaten-Fleisch
1 kleines Glas Kapern
Olivenöl
Chili-Salz
Frische Petersilie

Was ich dazu noch sagen wollte …

Manchmal muss es schnell gehen und vor allen Dingen, ohne vorher mit der Liste einkaufen gehen zu müssen. Also: Das hier ist ein Rezept, das du jederzeit aus dem Hut zaubern kannst. Voraussetzung ist, dass du dir angewöhnst, die haltbaren Zutaten immer in Reserve zu haben. Es ist flott zubereitet und schmeckt sehr, sehr lecker. Selbst wer kein Fisch-Gericht-Liebhaber sein sollte, was ich als Kater - denn ich lebe nun mal im Körper eines Katers - mir nur schwer vorstellen kann, wird dieses *primo* gerne verspeisen. Noch etwas: Über dieses Gericht wird kein Parmesan gestreut! Überhaupt niemals Käse über Fisch geben, falls irgend jemand auf die Idee kommen sollte. Bääääh...

Zubereitung:

Die Nudeln mit Chili-Salz in ausreichend Wasser *al dente* kochen. Bei diesem Gericht ist es wirklich wichtig, dass die Pasta nicht *stracotto*[39] ist. Zu weich mit Thunfisch wird zu einem Brei, der dir nicht schmecken wird.

In der Zwischenzeit die Tomaten vierteln und Saft und Kerne ausschneiden (fällt bei Dosentomaten weg). Das Fleisch würfeln. Das Wasser aus der Dose mit dem Thunfisch absieben. Frische Petersilie schneiden, die Blätter nicht zu fein. 3-4 gehäufte Esslöffel Kapern aus dem Glas in ein Sieb geben und gut unter laufendem Wasser ausspülen. Abtropfen lassen.

Wenn die Nudeln fertig sind, das Wasser absieben (nicht abschrecken – *cavolo*[40], ich mag's gar nicht mehr wiederholen, aber es muss sein) und wieder in den heißen Topf kippen. Nun gibst du die kalten Zutaten zu, vermengst alles vorsichtig und erhitzt es ganz kurz auf hoher Temperatur, so dass das Gericht heiß ist, aber nicht angebraten.

Wenn es dich irritiert, dass weiter keine Gewürze und vor allem kein Salz zugegeben wird (bloß nicht!), das ist völlig richtig so. Die

---

[39] Überkocht, weichgekocht
[40] Ita.: Kohl, hier: wird oft an Stelle eines unschönen Schimpfwortes, das ähnlich klingt, verwendet

Kapern sind schon salzig genug und außerdem hat die Pasta Salz und Chili aus dem Wasser aufgenommen.

Lasst es euch schmecken!

Strozzapreti tricolore –
Strozzapreti in drei Farben (herzhaft)

Zutaten für 4 Personen:

110 g Strozzapreti Dinkel (hell)
110 g Strozzapreti Vollkorn (dunkel)
110 g Strozzapreti rote Linsen
(das Rezept funktioniert auch mit Penne)
4-5 mittelgroße Zucchine
400 ml Sahne
280 g gekochten Schinken
1 Löffel feine Haferflocken
Etwas Kohl-Flocken (siehe Allgemeine Rezepte)

Was ich dazu noch sagen wollte …

Dieses Gericht sieht nicht nur sehr anregend aus, es schmeckt auch so. Ich liebe diesen ersten Gang!

Bei diesem Rezept wirst du vermutlich die meiste Zeit für die Suche nach der Pasta aufwenden, nicht fürs kochen (-:. Die Strozzapreti wirst du außerhalb Italiens nicht an jedem Eck zu kaufen finden. In einem guten italienischen Spezialitätengeschäft jedoch solltest du auf jeden Fall fündig werden. Es ist die Mühe wert, diese Pasta zu verwenden. Sie hat einen ganz eigenen Biss.

Aber ich warne dich! Verwende bloß keine gefärbten Nudeln, die man so im Fertigpack im Supermarkt und häufig auch an Autobahnraststätten in Italien findet. Da stellen sich mir die Fellhaare aber senkrecht auf. Die sind künstlich eingefärbt und schmecken auch so. Diese Industrie-Pasta ist häufig hübsch anzusehen, taugt aber meistens nichts. Die bunte Vielfalt erreichst du durch die in der Liste angegebenen Zutaten. Basta.

Lisa hat mir einmal so eine Packung nach Hause angeschleppt. Soll ich dir sagen, was ich damit gemacht habe? Ich habe sie meinen Hühnern verfüttert und selbst die haben mich danach drei Tage lang nicht mehr angesehen.

Das Rezept ist dann aber schnell zubereitet. Es ist ein etwas üppigeres *primo*, deshalb sollten entweder die Gäste sehr hungrig oder die Portionen etwas kleiner sein. Ich habe die Mengenangaben oben umgerechnet für den normalen Hunger.

Zubereitung:

Die Sahne mit einem Löffel Haferflocken und einer Prise der Kohlflocken vermischen und in einem kleinen Topf langsam erhitzen. Immer wieder mal umrühren.

Schinken und Zucchine in feine Würfel schneiden und zur Seite stellen. Die Pasta in Salzwasser *al dente* kochen.

Und jetzt aufgemerkt!

Es ist zwar wichtig, drei verschiedene Sorten an Strozzapreti zu kochen, jedoch solltest du darauf achten, dass diese auch dieselbe Kochzeit benötigen. Die oben angegebene Pasta benötigt dieselbe Garzeit. Solltest du jedoch weiße Pasta als eine Sorte wählen, so darfst du diese erst nach ca. 1,5 bis 2 Minuten zu der Vollkornpasta ins Wasser geben, da sie schneller weich wird.

Während die Pasta kocht, gibst du die Gemüse-Schinken-Würfelchen in die Sahne (sie sollte mittlerweile etwas angedickt sein). Die Sauce wird kurz erhitzt, so dass alles recht heiß ist. Eine Prise groben Pfeffer darfst du zugeben, sonst nichts. Außer den Kohl-Flocken wird tatsächlich kein Salz beigegeben, da der Schinken salzig genug ist.

Die Pasta abgießen (nicht abschrecken – *si, si, va bene!* Du weißt es mittlerweile) und zurück in den Topf geben. Die Sahne-Schinken-Zucchine-Sauce zugeben, gut vermengen und mit einer Suppenkelle auf die Teller portionieren.

Ich gehe jede Wette mit dir ein, dass das eines deiner liebsten Rezepte wird! Bei Jupiter!

Pici Cacio e Pepe –
Pici in Pfeffer-Käsesauce (herzhaft)

Zutaten für 4 Personen:

400 g *Pici*-Nudeln
180 g fein geriebenen (reifen!) Pecorino-Käse
3-4 gehäufte Esslöffel Pfefferkörner (nach Geschmack)
2 Holz-Schneidebretter

Was ich dazu noch sagen wollte...

Auch diese Pasta ist außerhalb Italiens vermutlich eher eine Besonderheit, die du nur im Spezialitätengeschäft oder im Internet
auftreiben wirst. Findet man sie ja selbst außerhalb der Toskana
seltener. Aber auch sie ist es wert, dass du dich auf die Suche
danach machst. Deine Gäste werden bestimmt staunen, wenn du
so ausgefallene Dinge auf den Tisch bringst, die doch so einfach
zuzubereiten sind (-.

Dieses Geheimnis, das schon lange keines mehr ist, weil es heute
in der Toskana (und darüber hinaus) jedes Kind in Italien kennt,
habe ich damals auf unserer Reise von Pompeji über Rom nach

Bologna in der Gegend von Siena aufgeschnappt. Wir waren nach dem Vulkanausbruch ja gezwungen gewesen von Pompeji wegzuziehen, und sind entlang der *Via Francigena*[41] durch das Gebiet der heutigen Toskana gereist, schließlich bis nach Bologna gelangt. Diese *pici* waren schon damals in der Gegend zwischen Rom und Siena bekannt. Das Gericht ist also schon sehr alt. Die Wenigsten wissen es: Sie sind nämlich eine Erfindung der Etrusker, nicht der Römer – ich muss es leider zugeben. Aber das nimmt dem Geschmack ja nichts.

Die Pasta ist ziemlich üppig, besonders auf diese Weise zubereitet. Du solltest also für den zweiten Gang ein etwas leichteres Gericht wählen.

Zubereitung:

Die ist denkbar einfach. Das Resultat dafür umso hinreißender!

Die *pici* kochst du in ausreichend Wasser mit etwas Chili-Salz. Da diese Pasta kräftig und dick ist, dauert es etwas länger. Währenddessen gibt die Pasta von ihrer Konsistenz an das Wasser ab und das ist gut so, denn das brauchst du für die Sauce. Aber Achtung: Auch hier gilt *al dente!*

In der Zwischenzeit erhitzt du vorsichtig in einer Pfanne die Pfefferkörner (ohne Fett). Wenn dir die Schärfe des Gewürzes in die Nase steigt, kann es sein, dass du etwas husten musst. *Fa niente*[42]*!* Du bist auf einem guten Weg. Die leicht gerösteten Körner

---

[41] Als Via Francigena (Frankenstraße oder Frankenweg) werden im weiteren Sinne die alten Fernstraßen bezeichnet, die Pilger auf ihrem Weg vom Frankenreich oder von England aus über das Gebiet des Frankenreichs nach Rom zur Grabstätte der Apostel Petrus und Paulus nutzten. Oft findet sich dafür auch die Bezeichnung Via Romea. Die heutige Rekonstruktion des Pilgerwegs stützt sich im Wesentlichen auf Angaben des Erzbischofs Sigerich von Canterbury, der im Jahre 990 nach Rom pilgerte.

[42] Ital: Das macht nichts!

gibst du dann auf ein Holz-Schneidebrett und zerdrückst sie, indem du das zweite Brett darauflegst und niederdrückst. Die Körner sollten sehr unregelmäßig werden, also keine Pfeffermühle verwenden! Das gibt nämlich den typischen Geschmack.

Wenn das Wasser kocht und die Nudel von ihrer Konsistenz etwas an das Wasser abgegeben hat (das Wasser ist sehr trüb und dickt etwas ein), entnimmst du nach und nach 1-2 Schöpflöffel davon und gibst es zusammen mit dem fein geriebenen Pecorino-Käse in eine Schüssel. Die Flüssigkeit vorsichtig zugeben, damit die Sauce nicht zu dünnflüssig wird. Mit einem Schneebesen schnell und kräftig verrühren, bis eine cremige Sauce entsteht. Wenn nötig, etwas mehr Nudelwasser zugeben.

Die fertigen *Pici* absieben und mit der Käsesauce und den Pfefferkörnern vermengen. *Ma che buono!*[43]

---

[43] Ital. sinngemäß: Teufel, wie gut das schmeckt!

Ravioli con asparagi, fatta a casa – Hausgemachte Ravioli mit Spargel (mild)

Zutaten für 4 Personen:

Für den Pastateig: Siehe Grundrezept „hausgemachte Pasta" Seite 88.

800 g grüner Spargel
250 g Ricotta
1 Ei
40 g geriebener Parmesankäse
Ein Schuss Cognac
Etwas Pfeffer
Etwas Muskat
125 g Butter
(1 Zackenteigroller)

Was ich dazu noch sagen wollte …

Das muss ich dir erzählen! Einmal hatte Lisa in einem Anfall an „Kochwut" doch tatsächlich versucht, selbst Pasta herzustellen - und das, ohne mich vorher zu konsultieren. Das Resultat kannst du dir denken: Was sie für dünn ausgerollten Teig gehalten hatte, ergab steinharte Klumpen, die nur sehr entfernt Ähnlichkeit mit Ravioli aufwiesen. Zu römischen Zeiten hätte man die als Wurfgeschosse verwendet. Damit hätte man die Germanen in der Schlacht im Teutoburger Wald[44] möglicherweise sogar in die Flucht geschlagen, anstatt drei Adler zu verlieren!

Lisa hat meine Bemerkung gar nicht geschätzt und wahrhaftig eines dieser Teile nach mir geworfen. Ich habe mich aber flink weggeduckt und es landete an der Küchenwand, wo es lange Zeit als Mahnmal kleben blieb, weil es zu weit unter der Decke landete, um es sofort wieder abzukratzen. Als Marco am Abend fragte, was das Raviolo dort oben suchte, konnte ich ihm nur noch mit rollenden Augen ein Warn-Zeichen geben, damit er schwieg.

Zu Lisas Ehrenrettung muss ich gestehen, dass meine erste frische Pasta auch nicht gleich so gelungen war. Das Geheimnis ist: hauchdünn ausrollen, zu beinahe transparentem Teig. Und das will geübt sein. Ich gebe es zu.

Zubereitung:

Die Pasta

Siehe Grundrezept "hausgemachte Pasta", Seite 88.
Während der Teig im Kühlschrank ruht, kannst du in Ruhe den Spargel kochen und die Füllung vorbereiten.

---

[44] Varusschlacht (auch *Hermannsschlacht* oder *Schlacht im Teutoburger Wald* genannt) zwischen Römern und Germanen im Jahr 9 n. Chr.

Die Füllung

Den Spargel mit Biss kochen. Etwas abkühlen lassen. Die obere Hälfte (ca. 8 cm) inkl. Spitzen abschneiden und in 4 cm lange Stückchen schneiden. Zur Seite stellen. Diese werden erst ganz zum Schluss kurz vor Servieren den Ravioli beigefügt.

Den Rest des Spargels in einem Mixer pürieren. Mit dem Ricotta, dem Ei, dem geriebenen Parmesan, einem guten Schuss Cognac, Pfeffer und geriebenem Muskat vermengen.

Die Ravioli

Einen Teil des Teigs hauchdünn zwischen zwei Folien Backpapier ausrollen, so lange, bis man hindurchsehen kann. Falls du damit Probleme hast, weil du vielleicht noch Anfänger bist und dir die Übung noch fehlt, kannst du auch die kleinen Vierecke später mit den Fingern einzeln weiter dünner drücken. Es ist jedoch mühsam und kostet Zeit, für den Anfang ist das aber erlaubt.

Den ausgerollten Teig schneidest du in gleichmäßige Quadrate von ca. 2,5 cm. Lass dich ja nicht hinreißen zu denken, dass das viel zu klein sei! Die Pasta geht im Wasser später noch auf und wenn du sie dann auch noch dünner drückst, wird das Viereck sowieso noch größer.

Mit einem Kaffeelöffel gibst du nun ein kleines Häufchen der Füllung auf den Teig. Dann legst du ein zweites Viereck darüber und drückst die Ränder mit den Fingern und/oder einer Gabel fest.

Das gefüllte Viereck dann vorsichtig mit dem Messer lösen und auf eine bemehlte Unterlage legen. Mit einem Zacken-Teig-Roller oder einem Messer den Rand sauber abschneiden. Den Restteig zurück zu dem Teig geben und das fertige Raviolo zum Antrocknen liegen lassen.

Nach und nach den Teig auf diese Weise verarbeiten. Die Ravioli können so auch über Nacht antrocknen und erst am nächsten Tag gekocht werden.

Dafür ausreichend Wasser mit Salz zum Kochen bringen und die Ravioli einzeln vorsichtig hineingeben. Ca. 20 Minuten bei kochendem Wasser ziehen lassen.

Fünf Minuten bevor die Ravioli fertig sind, die rohen Spargelspitzen in der Butter langsam erwärmen (nicht umrühren!).

Die fertige Pasta aus dem Wasser sieben und gut abtropfen. Auf Teller portionieren und vorsichtig die Spargelspitzen und ein paar Löffel flüssiger Butter darüber geben. Etwas geriebenen Parmesan darüber geben und sofort servieren.

Che buoni![45]

---

[45] Ital: Wie gut sie sind!

Tagliatelle farro fatto a casa con funghi – Hausgemachte Pilz-Dinkel-Tagliatelle (mild)

Zutaten für 4 Personen:

Für den Pastateig: Siehe Grundrezept „hausgemachte Pasta" S., helles Dinkelmehl verwenden

500 g frische Pilze
50 g Butter
Etwas frische Petersilie
Etwas Weißwein
200 ml Sahne

Was ich dazu noch sagen wollte ...

Pilzsammler aufgemerkt: Ja, du kannst Pfifferlinge, Steinpilze oder auch Wiesenchampignons verwenden, so lange du deine Sammlung von Knollenblätterpilzen zuverlässig unterscheiden kannst. Sonst ergeht es deinen Gästen wie Kaiser Claudius!

Du kennst den Fall nicht? Oh! Das muss ich dir erzählen! Auch, wenn ich nun Gefahr laufe, dir die Lust auf dieses Gericht zu verderben. Die Geschichte ist zu delikat! Wir alle haben damals jahrelang spekuliert, wer der Täter war. Und noch heute rätselt man darüber!

Kaiser Claudius' Fall ist nämlich komplex: Jeder wusste damals, dass er sehr gerne Pilze aß. Jeder! Es war landesweit bekannt, dass dies seine Leibspeise war.

Kaiser Claudius starb in den frühen Stunden des 13. Oktober 54. Der Penato des Hofes erzählte uns später, unter vorgehaltener Hand natürlich, man habe ihn vergiftet. Wer genau, das wusste mein entfernter Cousin leider nicht. Der Verkoster, sein Leibarzt oder diese Giftmischerin *Lucusta*? Die war zwar bereits 54 n. Chr. wegen Giftmischerei verhaftet worden, lieferte aber dennoch das Gift. Nach dem Tod des Kaisers vermuteten viele, er habe stattdessen Knollenblätterpilze gegessen. Mein Cousin behauptete - immerhin war er der Koch und verwehrte sich gegen diese Verleugnung seiner Kochkünste - man habe dieses Märchen über die verwechselten Pilze absichtlich gestreut, um von dem Mord abzulenken. Mein armer Cousin konnte seinen Ruf nie wiederherstellen.

Aber davon abgesehen: Pilze schmecken lecker. Lass dir also nicht den Appetit von diesem antiken Fall verderben. Das ist nun wahrlich lange her. Und dieses Pastarezept ist eine Hymne und du kannst die Pilze ja kaufen, um ganz sicher zu gehen. Konzentrieren wir uns also auf den himmlischen Geschmack!

Zubereitung:

<u>Die Pasta</u>

Den Teig wie im Grundrezept angegeben herstellen und min. 2 Stunden im Kühlschrank kaltstellen.

Wenn du eine Nudelmaschine hast, dann arbeitest du jetzt mit dieser weiter. Ich erkläre dir hier die ganz normale Herstellung, so, wie ich das tausende von Jahren immer gemacht habe.

Zwischen zwei Folien Backpapier - zugegeben, das ist ein moderner, jedoch sehr hilfreicher Trick - sehr dünn ausrollen. Der Teig muss so dünn sein, dass man hindurchsehen kann. Lieber etwas zu dünn als zu dick! Das obere Papier entfernen und den Teig an der Luft etwas antrocknen lassen.

Dann dünne, lange Streifen von ca. 0,3 cm Breite schneiden und vorsichtig abziehen. Die Nudeln gehen im Wasser noch auf und werden somit auch noch breiter! Die Streifen einzeln nebeneinander auf einem Holzbrett ablegen, bis der ganze Teig verarbeitet ist.

In kochendes Salzwasser geben und ca. 10 Minuten ziehen lassen. Da es sich um handgearbeitete Pasta handelt, musst du immer wieder prüfen, ob die Nudeln durch sind. Denn sie verhalten sich nicht wie industriell gefertigte Ware, da es sehr davon abhängt, wie dünn du den Teig ausgerollt hast.

<u>Die Pilze</u>

Die Pilze waschen und putzen und in feine Scheiben schneiden.

Wenn du die Pasta ins Wasser gibst (also ca. 10 Minuten vor dem Servieren) die Pilze zusammen mit der Butter in einer hohen Pfanne anschmoren.

Mit einem Schuss Weißwein aufgießen und die Flüssigkeit auf mittlerer Flamme zu einem großen Teil verdunsten lassen. Die Sahne und frische Petersilie, etwas Salz und Pfeffer zugeben und vorsichtig vermengen. Kurz weiter erhitzen.

Die Nudeln gut absieben und zurück in den heißen Topf geben. Die Pilze mit der Sahnesoße nach Geschmack dazugeben und alles vermengen. Auf Tellern portionieren und mit etwas geriebenen Parmesan toppen.

Risotto alla pilota –
Risotto ‚Pilota' (herzhaft)

Zutaten für 4 Personen:

350 g Reis (italienischer Rundkorn/Risottoreis)
600 ml Wasser
100 g Grana oder Parmesan, gerieben
300 g grobe Bratwurst
80 g Butter

Was ich dazu noch sagen wollte ...

Der Titel könnte dir vielleicht suggerieren, dass es sich hier um kein traditionelles Rezept handelt, denn den Beruf des Piloten gibt es ja noch nicht so lange. Weit gefehlt! Damit hat es rein gar nichts zu tun! Lass dich aufklären.

Die Prinzessin Herculani[46] hat mir das Rezept verraten. Es stammt aus Mantua, besonders aus der Region links des Mincio[47], *provin-*

[46] Ehefrau von Prinz Filippo Hercolani, Bologna 1663 - 1722, erwähnt im Roman: Massimiliano, Verliebt in Bella Italia

cia virgiliana. Sie hatte dort eine Freundin, eine Nachfahrin der berühmten Gonzaga-Familie[48], von der sie das Geheimnis der Zubereitung unter der Hand zugesteckt bekommen hatte. Aber das ist hier Nebensache. Ich erwähne es nur, weil ich selbst niemals in Mantua gelebt habe und du dich vielleicht wunderst, woher ein *Bolognese* ein Geheimnis dieser Region kennt.

Warum es nun den merkwürdigen Namen „Piloten-Reis" erhalten hat? Das ist nämlich so:

Das Wort „Pilot" leitet sich vom Namen der Person ab, die einst dafür verantwortlich war, den Reis zu schälen und zu reinigen, dem sogenannten *„pilotta".* Der musste bei diesem Rezept nämlich keine unnötige Zeit verschwenden, um neben dem Kochtopf zu stehen, um sich sein Essen zuzubereiten und konnte deshalb weiterarbeiten. Ja, das waren harte Zeiten, zumindest wenn man kein Adeliger war. Es ist eine sehr, sehr üppige Speise, denn der Arbeiter sollte nicht so schnell wieder hungrig werden. Du solltest das berücksichtigen, wenn du dieses *primo* in einem Menü servierst.

Doch nun zum Rezept. Wundere dich nicht über ein paar seltsame Vorgehensweisen, das ist Tradition. Das muss so sein!

Zubereitung:

Das Wasser mit etwas Salz zum Kochen bringen. Den Reis durch einen Trichter ins Zentrum des Topfes geben, sodass die Spitze des Reisberges ca. 1-2 cm noch aus dem Wasser ragt. Wenn es weniger als 1-2 cm sind, entnehme etwas Wasser. Wenn es keine 1-2 cm sind, füge etwas Wasser hinzu.

---

[47] Abfluss Gardasee
[48] Gonzaga war der Familienname der Herzöge von Mantua, eines der bekanntesten italienischen Adelsgeschlechter.

10–12 Minuten offen kochen lassen. Ab und zu etwas rütteln, um die Menge abzuflachen. Das Wasser sollte nun völlig absorbiert sein.

Vom Feuer nehmen und mit einem frischen Handtuch so abdecken, dass der Stoff auf dem Reis liegt. Mit dem Deckel schließen und ca. 10 Minuten ziehen lassen.

Währenddessen das Hack aus der Wursthaut entfernen. Die Butter in einer kleinen Pfanne schmelzen und das Bratwursthack darin mit einer Gabel in kleine Stückchen zerdrücken. Etwas anschmoren.

Vom Feuer nehmen und die Hälfte des geriebenen Käses unterrühren. Die Masse mit dem Reis vorsichtig vermischen und sofort in Teller portionieren. Mit etwas Käse überstreuen.

Pronto! A tavola![49]

---

[49] Ital.: Fertig! Zu Tisch!

Risotto al Radicchio –
Radicchio-Risotto (mild)

Zutaten für 4 Personen:

2,5 Kaffeetassen italienischen Rundkorn/Risotto-Reis
1 mittelgroßer Kopf Radicchio
1 Flasche trockener Rotwein
3 Tassen Gemüse- oder Hühnerbrühe (alternativ Wasser mit Brühwürfel)
Parmesankäse am Stück
Etwas Butterschmalz

Was ich dazu noch sagen wollte ...

Bevor ich dir dieses ausgesprochen ausgefallene Rezept nun verrate, vorab eine kleine Lektion in Sachen Qualität von mir: Nur was man hineingibt, kann auch wieder herauskommen. Deshalb nicht an der Qualität des Weines sparen! Derselbe Wein, der für das Rezept verwendet wird, wird zum fertigen Gericht bei Tisch auch getrunken (du kannst natürlich auch schon ein Glas bei der Zubereitung kosten). Bitte keinen Fusel kaufen, nur weil man den Wein ja sowieso „verkocht". Mir stellen sich die Fellhaare schon alleine bei dem Gedanken auf.

Zubereitung:

Radicchio waschen, trocknen und in dünne Streifen schneiden. Mit etwas Butterschmalz in einem Topf andünsten. Den Reis zugeben und zusammen weiter unter ständigem Rühren andünsten.

Wenn der Radicchio gut glasig ist, 2 Kaffeetassen des Rotweins und die 3 Tassen Brühe zugießen. Mit einem Deckel verschließen und 8 Minuten köcheln lassen.

Danach von der Feuerstelle nehmen und 5 Minuten zugedeckt ziehen lassen. Nicht umrühren! Jupiter behüte!

In tiefe Teller portionieren, etwas Parmesan darüber reiben und zusammen mit dem Rest des Rotweines servieren.

Das Gericht wird traditionell als Vorspeise gegessen. Wer es als Hauptgericht (ohne zweiten Gang) servieren will, reicht dazu frischen grünen Salat mit rotem Radicchio vermischt. In diesem Fall die Menge ein wenig erhöhen.

Risotto integrale al finocchio –
Fenchel-Vollkorn-Risotto (mild)

Zutaten für 4 Personen:

250 g Vollkorn-Rundkorn/Risottoreis
2 Fenchelknollen
600 ml Gemüsebrühe
Parmesan gerieben
Etwas Olivenöl
Etwas Butter

Was ich dazu noch sagen wollte …

Du magst keinen Fenchel? Papperlapapp! Dieses Risotto wirst du lieben. Ich sag es dir. Lisa hat sich auch so angestellt, als ich das zum ersten Mal serviert habe. Sie hat das Gesicht verzogen. Während des gesamten ersten Ganges ist sie mit einer Schnute vor ihrem leeren Gedeck gesessen und hat lustlos an einem *Grissini* rumgekaut. Marco hat sich währenddessen geradezu in Schwärmereien über mein köstliches Gericht verloren, und als er zum Topf ging, um sich einen Nachschlag zu holen, hat sie heimlich von seinem Teller genascht. Sie hat gedacht, dass ich es nicht gesehen habe, aber das habe ich. Und wie! Doch ich wäre kein Penato, wenn ich die Chance zu so einer Lektion verstreichen lassen würde.

Also schickte ich Marco unter dem Vorwand hinunter, eine gekühlte Flasche Wein für den zweiten Gang zu holen. Er murrte, aß weiter und wollte erst gehen, nachdem er den Teller völlig geleert hätte, aber ich bestand hartnäckig darauf. Schließlich ließ er sich breitschlagen, nahm noch eine volle Gabel Risotto und lief kauend zur Tür hinaus. Währenddessen ich mit dem Rücken zu Lisa an der Küchentheke scheinbar herumfuhrwerkte, beobachtete ich, wie sie wieder eine große Gabel Reis in den Mund schob. So groß, dass sie kaum unbeobachtet schnell schlucken konnte. Sie fühlte sich sehr sicher. Ha! Hab' ich dich erwischt!

Wer mich kennt, weiß, wie der folgende Diskurs ablief. Ich möchte das hier nicht alles widergeben, aber so viel sei über diese Episode gesagt: Seitdem verschmäht Lisa keines meiner Fenchel-Gerichte mehr ... (-:

Doch nun zu dem Rezept. Ich habe schon wieder viel zu lange geschwafelt.

Zubereitung:

Den Fenchel waschen und in kleine Würfel schneiden. In einem Topf mit etwas Olivenöl und Butter anschmoren, bis das Gemüse glasig ist.

Den Reis zugeben und unter ständigem Rühren ca. 2 Minuten weiter anbraten. Mit der Gemüsebrühe aufgießen und mit dem

Deckel verschließen. Die Hitze herunterschalten auf eine niedrige Stufe, sodass der Reis weiter köchelt.

Während den nächsten 45 Minuten zugedeckt köcheln lassen. Auf keinen Fall den Deckel abnehmen oder gar umrühren! Wenn ich dich dabei erwische, könnte es sein, dass ich dir auf die Finger klopfe.

Nach 45 Minuten sollte die Flüssigkeit absorbiert sein. Vom Feuer nehmen und nochmals 10 Minuten mit geschlossenem Deckel ziehen lassen. *Pronto.*

Risotto di asparagi –
Spargel-Risotto (mild)

Zutaten für 4 Personen:

250 g Vollkorn-Rundkorn/Risottoreis
500 g frischen, grünen Spargel
600 ml Gemüsebrühe
Parmesan gerieben
Etwas Olivenöl
Etwas Butter

Was ich dazu noch sagen wollte ...

Du kannst dieses Rezept natürlich auch mit weißem Spargel kochen. Aber: Es wird etwas anderes sein.

Grüner Spargel ist dem wilden Spargel ähnlicher und muss außerdem nicht geschält werden. Du weißt nicht, was wilder Spargel ist? *Allora!* Das muss ich dir dann doch erzählen.

In Italien erfreut sich das Sammeln von Nahrung in der Natur sehr großer Beliebtheit. Die Unersättlichkeit von uns Italienern kennt da keine Grenzen. Alles was wächst, kriecht, schwimmt oder fliegt, ist potentiell für den Kochtopf geeignet. Nach dem langen, trockenen Sommer, wenn die ersten Regentropfen die ausgedörrte Erde wieder zu Leben erwecken, stehen Schnecken auf dem Speiseplan. Im Winter sind wilde Zichorien heiß begehrt. Sie sorgen für Ordnung im Magen-Darmtrakt. Und in den Monaten März bis Mai mutiere ich selbst zum Jäger und Sammler und - ich gebe es zu - zeige territoriales Verhalten. Den jungen Trieben des wilden Spargels, den *Asparagus acutifolius,* stelle nämlich auch ich nach! Und wehe dem, der mir zuvorkommt und mir die Leckerbissen vor der Nase wegschnappt!

Es kann also vorkommen, dass du auf einem Spaziergang einzelne Sammler/innen mit einem Beutel gebückt durchs Gestrüpp streifen siehst. Vielleicht sogar mich, Massimiliano Penati, solltest du in der Nähe Bolognas durch einen Wald flanieren. Wundere dich also nicht. Ich werde dich nämlich - wie alle anderen Sammler auch - nicht beachten, weil ich zu sehr damit beschäftigt sein werde, das Auge am Boden zu halten. Man muss nämlich ein geschultes Auge und viel Geduld haben, um die jungen Triebe des wilden Spargels überhaupt zu finden! Einmal habe ich Lisa mitgenommen. Aber sie hat es fertiggebracht, mit einem verwunderten „Wo denn?" ein paar der kostbaren Triebe tatsächlich niederzutrampeln. Ich werde sie nie wieder mitnehmen! Es war die kläglichste Ausbeute einer Spargelaktion in meinen 2000 Jahren. Erbärmlich.

Dieser junge und sehr dünne Wildspargel hat einen intensiven und unvergleichlichen Geschmack. Und die Wirkung nach dem Essen ist ebenfalls intensiver als du sie von normalem Spargel kennst.

Um also zumindest in die Nähe des Geschmacks von *Asparagus acutifolius* zu kommen, solltest du also grünen Spargel verwenden.

Zubereitung:

Den Spargel waschen und die Spitzen mit ca. 2-3 cm abschneiden. Zur Seite stellen. Den Rest der Spargelstangen in kleine Stückchen von ca. 0,5 cm schneiden. In einem Topf mit etwas Olivenöl und Butter mit dem rohen Reis anschmoren.

Mit der Gemüsebrühe aufgießen und mit dem Deckel verschließen. Die Hitze herunterschalten auf eine niedrige Stufe, sodass der Reis weiter köchelt.

Während der nächsten 45 Minuten zugedeckt köcheln lassen. Auf keinen Fall den Deckel abnehmen oder gar umrühren! Du weißt ja, was passiert, wenn ich dich dabei erwische! Nein? Dann hast du offensichtlich mein Fenchel-Risotto noch nicht probiert.

Nach 45 Minuten sollte die Flüssigkeit absorbiert sein. Vom Feuer nehmen und nochmals 10 Minuten mit geschlossenem Deckel ziehen lassen.

Während dieser Zeit die rohen Spargelspitzen mit etwas Butter in einer kleinen Pfanne andünsten. Aber nur kurz, denn grüner Spargel ist viel schneller gar als weißer und sollte unbedingt noch Biss haben.

Den fertigen Reis in tiefe Teller portionieren und die Spargelspitzen gerecht auf alle Teller darüber verteilen. Nicht vermischen, denn sonst brechen die Spargel. Etwas Parmesan darüber geben und ... fertig. *Adoro questo risotto! E il mio preferito!*[50]

---

[50] Ich liebe dieses Risotto! Es ist mein Leibgericht!

Bis risotto basmati –
Basmati-Risotto-Bis (mild)

Zutaten für 4 Personen:

1 Tasse schwarzen Basmati-Reis
60 g getrocknete Steinpilze
Frische Petersilie
Etwas Weißwein
2,5 Tassen Gemüsebrühe

1 Tasse roten Basmati-Reis
180 g Karotten
1 Frühlings-Zwiebel
2 Tassen Gemüsebrühe

Frischer Parmesan am Stück
Butter
Olivenöl

Was ich dazu noch sagen wollte ...

Das ist ein richtiger Hingucker und schmeckt auch noch. Bunte Reissorten sind relativ neu auf dem italienischen Teller. Da schaut jeder Gast erst mal interessiert, denkt: „Aha! *Polpo!*"[51] oder ähnliches. Du kannst dann süffisant lächeln und die Spannung mit einem „nein, probiert mal" steigern. Aber nicht nur das! Abgesehen davon kann ich dir versprechen, dass diese Reissorten einen würzigen, ein wenig nussigen Geschmack haben und darüber hinaus auch noch ausgesprochen gesund sind.

Ein weiterer Vorteil dieses *primo* ist, dass du, während der Reis köchelt, ausreichend Zeit hast für die Zubereitung eines *secondo*. Aber du brauchst dafür ein wenig Übung, denn du musst beide Reissorten gleichzeitig zubereiten. Deshalb fangen wir auch mit einem sogenannten „Bis" an, also zwei Sorten auf dem Teller. Später, wenn du einmal so viel Erfahrung hast wie ich - obwohl das natürlich nur im übertragenen Sinne verstanden werden muss, da du mein Alter nie erreichen wirst - kannst du dich auch an ein „Tris" wagen, also drei Sorten. Dafür eignet sich das Rezept „*Risotto integrale al finocchio*", weil es erstens dieselbe Garzeit hat, zweitens ebenfalls ein „mildes" Gericht ist und drittens, farblich gut passt, da es eine dritte Farbe auf dem Teller ist.

Zubereitung:

Da du beide Sorten gleichzeitig zubereiten musst, ist die Reihenfolge der Arbeitsschritte wichtig. Also, *attenzione!*[52]

1. Alle Zutaten griffbereit stellen

2. Die Karotten schälen und raspeln, in der Art wie für einen Rohkostsalat. Den grünen Teil der Zwiebel in kleine Ringe schneiden, die Zwiebel kleinhacken. Die Petersilie hacken.

---

[51] Tintenfisch
[52] Aufgepasst!

3. In zwei separaten Töpfen jeweils gut Olivenöl und Butter erhitzen.

4. In einen Topf gibst du nun den schwarzen Reis, die getrockneten Steinpilze und die Petersilie.

5. In den anderen Topf gibst du sofort den roten Reis, die Karotten und die Zwiebel.

6. Beides unter ständigem Rühren ein paar Minuten scharf anbraten. Du hast ja zwei Hände, das geht. Das ist eine gute Übung, beide deiner Gehirnhälften zu trainieren ☺.

7. Den schwarzen Reis mit etwas Weißwein ablöschen und den Alkohol verdunsten lassen. Weiter rühren - auch den roten Reis weiterrühren, aber da keinen Wein zugeben!

8. Beide Sorten nun mit der Gemüsebrühe aufgießen, die Hitze herunterschalten und bei geschlossenem Deckel ca. 1 Stunde köcheln lassen.

9. Beide Reissorten vom Feuer nehmen. Es sollte noch ein klein Wenig Flüssigkeit vorhanden sein, falls nicht, etwas kochendes Wasser nachgießen. Nochmals bei geschlossenem Deckel ein paar Minuten ziehen lassen, bis die letzte Flüssigkeit absorbiert ist.

Nun hast du Zeit, den Parmesan mit einem Gurkenschäler schon mal vorsichtig in feine Scheiben zu schneiden. Mit einem großen Löffel je eine schwarze und eine rote Portion Reis auf den Teller geben. Die weißen Scheiben Parmesan dazwischen dekorieren. *Ecco fatto!*[53]

---

[53] Ital: schon fertig!

Gnocchi ai carciofi e pecorino – (herzhaft)
Gnocchi mit Artischocken und Pecorino

Zutaten für. 4 Portionen:

3-4 Artischocken (frisch oder tiefgefroren)
600 g Gnocchi
100 g geräucherter Schweinebauch
1 Knoblauchzehe
30-50 g reifer Pecorino-Käse, gerieben
100 ml Weißwein
Etwas Petersilie, gehackt
Etwas Pfeffer/'Salz
Etwas Olivenöl

Was ich dazu noch sagen wollte ...

Bevor ich zum Rezept komme, ein paar Dinge vorweg. Dass du mir ja nicht über diese Zeilen hinweggehst! Mittlerweile solltest du wissen, dass ich nicht unnötig rede - meistens jedenfalls - und dass das, was meine vielen Jahre Küchenerfahrung mit sich bringen, für dich wertvoll ist. Also:

Dass du mir ja keine Artischocken aus dem Glas verwendest! Die verfälschen den Geschmack total und ruinieren mein Rezept. Und ich handle mir deswegen noch einen schlechten Ruf ein. Tu mir das ja nicht an! Ich habe mal eine Woche lang nicht mehr mit Lisa geredet, weil sie das versucht hat. Marco übrigens auch, allerdings nur ein paar Minuten. Da hat die Liebe wohl den kulinarischen Stolz des Italieners besiegt ... jedenfalls akzeptiere ich nur frische oder tiefgefrorene Artischocken, wenn es schon sein muss.

Wenn du frisches Gemüse verwendest - sehr schön! - musst du freilich wissen, wie man frische Artischocken putzt. Doch. Das ist nicht ohne! Also, du brauchst dafür:

1 geschärftes langes Küchenmesser,
1 Spargelschälmesser,
1 Gefäß, das so weit mit Wasser gefüllt ist, dass es die Artischocke(n) aufnehmen kann,
1-2 Zitronen.

Zunächst presst du die Zitrone aus und gießt den Saft in das Wasser, in das du nach dem Putzen schnell die Artischockenstückchen geben musst, denn sonst verfärben sich diese an der Luft.

Den Stiel der Artischocke mit dem Spargelschälmesser schälen. Den geschälten Stiel am Artischockenboden abschneiden. Mit etwas Druck prüfen, bis wohin das untere Stielende auf der entgegengesetzten Seite hart ist und dort abschneiden. Da man den Stiel gut essen kann, zerkleinerst du diesen je nach Größe in mehrere Teile. Ab ins Zitronenwasser damit!

Je nach Wachstumsgröße und Frische der Artischocke sind nun mehrere Reihen Blätter am Artischockenboden zu entfernen. Dann etwa ein Drittel der Artischockengröße oben wegschneiden. Die Artischocke sieht nun ein wenig wie ein „geköpftes", weichgekochtes Frühstücksei aus.

Im nächsten Schritt tust du so, als würdest du mit dem Messer eine Rosenknospe schnitzen. Die Artischocke oben konisch spitz zuschneiden. Dadurch werden oben die äußeren harten Blätter beseitigt. Hast du das? Sehr schön!

Dann drehst du die Knospe um und beschneidest noch einmal in die entgegengesetzte Richtung, also zum Stiel hin, wodurch auch hier nur noch die jungen, zarten Blätter übrigbleiben. Das Ganze sieht immer noch wie eine Rosenknospe aus, weist aber keine harten Blätter mehr auf.

Attenzione! Je nach Frischegrad der Artischocke müssen etwa die Hälfte bis zwei Drittel des Distelgemüses als Abfall weggeschnitten werden! Hier darfst du nicht zaudern und zu sparen versuchen, denn die harten, spelzigen Teile, die bei zu geringem Beschnitt übrigbleiben, ruinieren das gesamte Essen!

Jetzt kannst du das Gemüse nach Rezept verarbeiten. Du solltest jedoch in jedem Fall die Härchen auf dem Herzen der Knospe entfernen. Man kann sie zwar essen, aber Haare im Mund sind nun kein besonders angenehmes Gefühl, oder?

Zubereitung:

Einen Topf Wasser mit etwas Salz zum Kochen bringen.

In der Zwischenzeit den Bauch klein würfeln und in einer Pfanne knusprig anrösten. In einer Schüssel zur Seite stellen. Das Fett abgießen. Die Pfanne nicht reinigen, der Geschmack bleibt.

Wenn du aufgetaute Artischocken aus dem Gefrierfach verwendest, ist die Garzeit kürzer, da diese bereits geputzt und vorgekocht sind: Die Artischocken klein schneiden und zusammen mit dem Knoblauch, Pfeffer und Salz in etwas Olivenöl in derselben Pfanne anschmoren. Dann den Weißwein zugeben und 1-2 Minuten aufkochen. Auf ganz kleiner Flamme zugedeckt warmhalten.

Wenn du frische Artischocken verwendest, ist die Garzeit etwas länger: Die Artischocken klein schneiden und zusammen mit dem Knoblauch, etwas Pfeffer und Salz in etwas Olivenöl in derselben Pfanne anschmoren. Dann den Weißwein zugeben und ca. 30 Minuten köcheln lassen.

Die Gnocchi in das kochende Wasser geben, die Hitze herunterstellen, so dass die Gnocchi ziehen, aber nicht kochen! Das Wasser darf keine großen Blasen werfen, sondern nur leichten Auftrieb zeigen, also simmern. Die Gnocchi sind fertig, wenn sie vom Topfboden aufsteigen und an der Wasseroberfläche schwimmen. Falls sie unten anhängen, mit einer Gabel vorsichtig lösen. Das dauert in der Regel gar nicht lange, deshalb unbedingt daneben stehen bleiben!

Die Gnocchi gut absieben und zurück in den heißen Topf geben. Den gerösteten Speck, Petersilie, Artischockensauce und 30 g des geriebenen Parmesans zugeben und vorsichtig vermengen.

Auf Teller portionieren. Der restliche Käse wird in einer Schüssel auf den Tisch gestellt, falls der eine oder andere etwas mehr Käse bevorzugt.

Gnocchi al radicchio e camembert – Gnocchi in Camembert-Radicchio-Sauce (herzhaft)

Zutaten für 4 Personen:

600 g Gnocchi
400 g Radicchio
1 Camembert-Käse
½ Glas Rosé-Wein (der Rosé wird mit dem Gericht serviert)
½ Zwiebel
1 Apfel
Etwas Butter
Etwas Kohlflocken
Etwas Petersilie
Grober Pfeffer
Salz

Was ich dazu noch sagen wollte ...

Si si, lo so![54] Camembert ist ein französischer Käse und zudem noch nicht sehr alt, wenn man bedenkt, dass er erst gute dreihundert Jahre alt ist. Wie genau er nach Italien kam, das kann selbst ich nicht sagen. Jedenfalls ist er heute auch bei Italienern sehr beliebt. Und, wie alles Essbare in diesem Land, hat auch er Einzug in die italienische Küche gehalten.

Dazu gibt es auch eine kleine Geschichte, die muss ich dir unbedingt erzählen. *Ascolta!*[55]

Lisa hatte einmal beruflich in Paris zu tun und brachte von ihrer Reise einen besonders teuren und guten Käse mit, einen sehr reifen Camembert. Der französische Verkäufer hatte ihn ihr als besondere Spezialität aufgeschwatzt und ihr ein unvergleichliches Erlebnis versprochen. Das war es auch. Als ich den Camembert für dieses Rezept aufschnitt, bewegte sich der Käse. Nicht nur floss das Innere heraus, es bewegte sich in diesem Inneren. Man weiß ja, dass Franzosen diesen reifen Käse schätzen, der mit samt seiner Maden darin verzehrt wird. Naja, *ich* jedenfalls wusste das. Lisa, die mir über die Schulter guckte, machte einen Satz nach hinten und hörte gar nicht auf ein schrilles „iiiiiiii!!!!!!" von sich zu geben, dass jedem Hund das Trommelfell hätte platzen lassen. Sie verbot mir kategorisch, den Käse in das Gericht zu geben, so sehr ich sie auch zu überzeugen versuchte, das dies so sein musste. Ich verfütterte ihn schließlich an meine Hühner, die sich über die Leckerei noch heute die Krallen schlecken.

Doch nun zum Rezept. Das schmeckt auch mit ganz normalem Camembert ohne Würmer.

---

54 Ital: jaja, ich weiß!
55 Ital: hör zu!

Zubereitung:

Den Camembert-Käse also in Würfel schneiden und zur Seite stellen.

Das Wasser für die Gnocchi - das spricht man ‚*Njocki*' (das muss ich einmal loswerden, denn ich höre es zu oft bis zur Unkenntlichkeit ausgesprochen) – erhitzen. Die Gnocchi in das kochende Wasser geben, jedoch simmern lassen. Wie schon an anderer Stelle erklärt, dürfen sie nicht kochen. Sie steigen im heißen Wasser nach und nach auf, sind in der Regel durch, wenn alle an der Wasseroberfläche schwimmen.

Den Radicchio - das spricht man ‚*Radickio*' - waschen, die äußeren Blätter entfernen. In dünne Streifen schneiden. Die Zwiebel würfeln. Beides mit etwas Butter in einer hohen Pfanne andünsten. Den Apfel reiben und mit dem Radicchio in der Pfanne gut vermengen und nochmal eine Minute dünsten.

Dann die Gewürze zugeben und den Wein aufgießen. Nochmals auf niedriger Hitze weiterdünsten. Es sollte immer ein klein wenig Sauce in der Pfanne sein, also bei Bedarf noch etwas Wein nachgießen. Auf sehr niedriger Stufe weiter dünsten, bis die Gnocchi gezogen haben.

Ca. 1 Minute bevor die Gnocchi fertig sind (sie sollten durch, jedoch noch fest sein) die Käsewürfel über den Radicchio gleichmäßig in die Pfanne verteilen. Nicht umrühren! Denn sonst hängt der Käse an der Pfanne und landet nicht bei den Gnocchi, wo wir ihn ja haben wollen. Der Käse schmilzt an.

Die Gnocchi absieben und zurück in den heißen Topf geben. Nun gibst du die Masse aus der Pfanne über die Gnocchi und rührst alles gut durch. Jetzt sollte sich der Gemüsesaft und der Käse zu einer cremigen Sauce verbinden. *Troppo buono!*[56]

---

[56] Zu gut!

Vellutata di patate – Kartoffelcremesuppe

Zutaten für 4 Personen:

750 g Kartoffeln
1,2 Liter Gemüsebrühe
1 Knoblauchzehe
1 Zwiebel
Etwas Chili
4-6 Stängelkohl-Blätter[57] (alternativ Blätter einer milden Kohlsorte)
(2-4 *Chorizo*-Würste[58])

---

[57] In Italien, Portugal und Galicien gilt Stängelkohl als typisches Wintergemüse. Das Gemüse riecht nach Kohl, hat ein leicht bitteres Aroma und schmeckt sanfter, solange die Blütenknospen noch geschlossen sind. In Deutschland wird er nur regional oder gelegentlich auf Marktplätzen, oder z. B. bei türkischen Gemüseläden unter dem Namen *Rappa* angeboten. Essbar sind vor allem die Blütenknospen, aber auch Blätter und Stiele.

Was ich dazu noch sagen wollte ...

Hai ragione![59] Das ist kein ursprüngliches Rezept aus Italien. Stimmt. Genau genommen habe ich es nämlich von einem alten Cousin, der mit Cäsars Armee Gallien erobert hat. Als Penato wurde er ausnahmsweise mit auf den Feldzug genommen, denn normalerweise müssen wir ja - wie du weißt - im Haus bei der Familie bleiben. Aber selbst Cäsar wollte in seiner Feldküche gute Geister haben, also wurde da eine Ausnahme gemacht und er, also mein Cousin, kurzerhand eingepackt. Cäsar kam zurück, mein Cousin nicht. Seine Familie blieb dort, in einem Gebiet, das heute Portugal heißt. Immerhin war meine Familie deswegen eine der ersten, die in Italien so exotische Dinge wie die Kartoffel und die Tomaten kennenlernten! Die kamen ja bekanntermaßen aus Amerika nach Spanien und Portugal, auch wenn man heute beinahe glauben möchte, sie seien die Erfindung der Italiener – zumindest die Tomaten. Dieses Rezept fand seinen Weg in mein geheimes Rezept-Buch jedenfalls auf diese Weise.

Però, non importa[60], ob portugiesisch oder italienisch, Lisa und Marco lieben *beide* meine berühmte Kartoffelcremesuppe. Und Marco ist Italiener und Lisa Deutsche, noch dazu aus Bayern. Normalerweise haben sie unterschiedliche Leibspeisen. In dem Punkt sind sie sich aber einig. Also, lass dich überraschen!

Zubereitung:

Die Kartoffeln sehr gut im Wasser sauber bürsten. Du verwendest nämlich die Kartoffel *mit* Schale. Die Knollen in kleine Würfel von

---

[58] In Portugal wird die Wurst als *Chouriço* bezeichnet und ist so beliebt wie in Italien und Spanien. Die nordportugiesische Chouriço ist normalerweise fetthaltiger und enthält weniger Paprika. Das Fleisch zu ihrer Herstellung (Schweinebauch) wird vor dem Räuchern mit Knoblauch, Salz und diversen Gewürzen in Rotwein eingelegt. Die südportugiesische Chouriço enthält mehr Paprika.

[59] Du hast recht!
[60] Ital: Aber, unwichtig!

ca. 4 cm schneiden. Mit etwas Olivenöl, der gehackten Zwiebel, der gepressten Knoblauchzehe, etwas Chili in einen Suppentopf geben und alles goldbraun anrösten.

Mit der Gemüsebrühe aufgießen und auf mittlerer Hitze mit Deckel ca. 45 Minuten köcheln lassen, bis die Kartoffeln sehr weich gegart sind. Nach Bedarf noch etwas Flüssigkeit nachgießen.

Währenddessen die Kohlblätter waschen und die festen Stängel herausschneiden. Die weichen Blattteile zusammenrollen und in sehr feine, lange Streifen schneiden. Zur Seite stellen.

Den Großteil der Flüssigkeit durch ein Soßensieb absieben. Die festen Bestandteile der Suppe im Mixer zu einer Creme verarbeiten. Creme und Brühe wieder vermengen. Beides unter Rühren zusammen nochmals kurz erhitzen. Nun solltest du eine sehr cremige Substanz haben.

Wir, also Lisa und Marco, und auch ich - obwohl ich als Kater nun nicht gerade Vegetarier bin - bevorzugen die Suppe ohne Wurst. Das originale Rezept wird jedoch mit *Chorizo* serviert, deshalb möchte ich dir das nicht vorenthalten. Diese Wurst wird nun der Suppe zugegeben und zieht nochmals mindestens 30 Minuten auf ganz schwacher Hitze, bis sie (die Wurst) auch richtig heiß ist.

In jeden Fall wird die Suppe auf Teller portioniert und mit ein paar Fäden der hauchdünn geschnittenen Kohlblätter garniert. Da diese roh sind und durch die Suppe nur erwärmt werden, beinhalten sie viele Vitamine. Sie haben einen knackigen Biss und geben dem Gericht eine besondere Würze.

Wir lieben diese Suppe! Und bisher waren alle unsere Gäste geradezu beeindruckt.

Gazpacho freddo –
Kalte Gemüsesuppe (herzhaft)

Zutaten für 4 Personen:

400 g rote und gelbe Paprika (keine grüne!)
1 Salatgurke (geschält)
6 reife mittelgroße Tomaten
4 Scheiben Vollkorntoast
1 Zwiebel
500 ml Tomatensaft (oder passierte Tomaten)
1 kleine Bio-Zitrone
50 ml Olivenöl
Etwas Chili (nach Geschmack)
½ Teelöffel Bio-Honig
Pfeffer aus der Mühle
Etwas Salz
Etwas frischen Oregano

Dazu Brot/Brötchen (siehe Seite 39).

Was ich dazu noch sagen wollte ...

Und schon wieder ein Rezept, das seinen Ursprung nicht in Italien hat, aber heute bei seinem Volk durchaus beliebt ist. Denn nicht nur in Spanien, woher die Gazpacho (‚Gaspatscho' gesprochen) kommt, sind die Sommer oft unerträglich heiß. Das ist auch in Italien so, was den Urlauber freut, dem arbeitenden Italiener aber eine Last sein kann. Da tut so eine kalte Suppe als *primo* richtig gut!

Lisa liebt diese Suppe, weil sie nicht nur gut schmeckt, sondern auch noch sehr vitaminreich und leicht verdaulich ist. Marco hingegen mag diese Suppe sehr scharf, so sehr, dass ihm nach Verzehr schon wieder heiß wird und die Schweißperlen auf der Stirn stehen. Aber er lässt sich ja nicht belehren. Also lasse ich ihn schwitzen und kaufe die besonders scharfen Chilischoten (die ganz kleinen, runden!) für ihn. Es war schon immer meine Devise: *Chi vuole la bicicletta, deve pedalare*[61].

Bevor ich nun die Zubereitung erkläre, noch zwei Worte zur Farbenlehre und den Zutaten. Das Auge isst mit, wie man weiß.

Keine grüne Paprika, denn das ergibt eine unschöne Farbe und sieht wenig appetitlich aus. Wenn dich das nicht stört, darfst du freilich auch grünes Gemüse verwenden. Dasselbe gilt für die Gurkenschalen: Bio-Gurken aus dem Garten dürfen gerne mit Schale verarbeitet werden, wenn dich die Farbe nicht stört. Das kräftige Rot-Orange der Gazpacho sieht aber so appetitlich aus, dass ich empfehle, die Farben zu berücksichtigen. Alternativ kannst du grünes und gelbes Gemüse kombinieren (es gibt ja gelbe Tomaten). Nur eben grün und rot nicht, denn das gibt ein wenig anregend aussehendes Braun.

Was die Schärfe der Suppe betrifft, meine Erzählung sollte es bereits geklärt haben: jeder nach seinem Geschmack. Da gibt es

---

[61] Ital. Sprichwort, sinngemäß: Wer nicht hören will, muss fühlen. Wörtlich: Wer das Fahrrad will, muss treten.

keine feste Regel. So lange deine Gäste nicht in Tränen ausbrechen, ist alles erlaubt. Ich stelle immer das scharfe Olivenöl (siehe Rezept Seite 32) auf den Tisch, so kann jeder nach Belieben selbst nachschärfen. Ein paar Tropfen davon in die Gazpacho schmecken wunderbar. Und du bist damit aus dem Schneider.

Zubereitung:

Die Toastscheiben würfeln und mit dem Saft der Zitrone in einem Schälchen einweichen. Den übrigen Saft nach einer Weile abgießen.

Tomaten und Paprika von den Kernen befreien und in kleine Stücke schneiden. Die Gurke schälen und in Scheiben schneiden. Zwiebel und Knoblauch ebenfalls schälen und in kleine Stücke schneiden.

Alles in einen Mixer geben. Olivenöl, Tomatensaft, Honig und die Gewürze nach Geschmack zugeben. Zum Schluss das eingeweichte Brot hineingeben und alles zunächst grob, dann fein mixen. Es sollte eine cremige Masse entstehen. Wenn es ein sehr heißer Tag ist, kannst du noch einen zerkleinerten Eiswürfel dazu mixen.

Das Ganze sofort mit frischem Brot oder Brötchen servieren. *¡Hola!*[62]

---

[62] Span. Hallo!

Altri Primi –
Weitere erste Gänge

Da du manche meiner Rezepte sowohl als Antipasto als auch als einen anderen Gang reichen kannst, findest du in dieser Tabelle weitere Rezepte, die als *primo* geeignet sind, jedoch in einer anderen Kategorie gelistet sind.

Rezept	Wo findest du das Rezept	Seite
Insalata di farro	Antipasti	Seite 70

Außerdem gehen als *primo* immer: jede Art von Suppe und Nudelsalat, letztes vor allen Dingen im Sommer. Bestimmt hast du in deinem Fundus bereits einige Rezepte, die du an dieser Stelle gut einsetzen kannst.

Secondo –
Zweiter Gang

Wie ich schon zu Beginn erwähnt habe, solltest du den zweiten Gang in Einklang mit dem ersten planen, indem du die Geschmackslinie mild oder herzhaft, und Fisch oder Fleisch beibehältst. Üppig versus leicht kommt dabei auch noch zur Geltung.

Ich will den Versuch machen, dir ein Negativ-Beispiel vor Augen zu führen:

Ein Salamiaufschnitt als Antipasto, gefolgt von einer Pasta mit *ragù* und einem zweiten Gang mit Fisch würde jeden Italiener zum Würgen bringen. Auch, wenn das mancher Sternekoch außerhalb Italiens so anpreisen mag: Das verdirbt nachhaltig den Appetit! Und drei allzu reichhaltige Gänge hintereinander, selbst in der Geschmackslinie gewahrt, wohlmöglich noch mit einem großzügigen Antipasto vorneweg und einem üppigen Dessert hinterher, bringen jeden zur Strecke. Das zeichnet die italienische Küche gerade nicht aus!

Also hör auf mich und meine Erfahrung: Maximal einen üppigen Gang und die anderen eher leicht gestalten. Halte es damit wie die alten Römer: Ein Gast steht von einem richtig guten Menü vom Tisch auf, ist satt, hatte ein Geschmackserlebnis und fühlt sich nicht überfüllt, sondern gut und beschwingt. Das ist gute italienische Küche.

Der zweite Gang besteht traditionell aus Fleisch oder Fisch, es kann aber auch durchaus ein vegetarisches Gericht sein. Das ist keine Modeerscheinung, sondern hat in Gegenden abseits des Meeres sogar Tradition. Als Beilage gibt es Gemüse. Kartoffeln (in jeder Form) und Salate werden dabei als solches betrachtet. Nie, und damit meine ich wirklich *nie*, kommt hier Pasta oder Reis auf den Tisch. *E semplicemente impossibile!*[63]

---

[63] Ital: Das ist schlicht und ergreifend unmöglich.

Überhaupt: Auf dem Teller finden sich maximal zwei verschiedene Dinge. Sehr überschaubar. Wenn drei, dann sind zwei davon Gemüse oder verschiedene Sorten Fleisch oder Fisch. Die Grundregel lautet: Lieber nachfassen, wenn man noch möchte.

Tacchino alla Salvia –
Truthahn mit Salbei (herzhaft)

Zutaten für 4 Personen:

4 Bio-Truthahnschnitzel
Etwas Salamoia (siehe allgemeine Rezepte)
Etwas Pfeffer
Etwas Rosé-Wein
Frische Salbei-Blätter
1 Grill-Pfanne (gerillt)

Was ich dazu noch sagen wollte …

Du liebst Grillen auch so sehr wie Marco? Um es milde auszudrü-
cken: Er ist ein Grill-Fanatiker! Was im Zentrum Bolognas, wo wir
ja wohnen, nicht immer leicht ist. Zwar haben wir einen Hinterhof

und da können wir im Sommer schon mal den Grill aufstellen, aber mitten in der Stadt ist das mit den Nachbarn nicht immer so einfach. Die beiden behaupten zwar, dass ich (!) meistens dafür verantwortlich bin, wenn wir Ärger mit den Nachbarn haben, aber da haben sie eine etwas verzerrte Wahrnehmung, wenn ich mir erlauben darf das zu sagen. Ich möchte nur daran erinnern, wie Marco einmal die Wäsche der Nachbarin, die vor dem Fenster trocknete, mit Grillduft verpestet hat. Ha! Das Gezeter, das er sich da anhören musste war endlos. Dagegen war der Ärger wegen meiner Hühner gar nichts! Aber ich lasse mich schon wieder hinreißen zu erzählen ... zurück zum Thema.

Heute gibt es ja diese gerillten Grillpfannen und die, die hat in Italien jeder Haushalt! Damit kann man nämlich schnell und ohne viel Tam-Tam auf dem Herd grillen und das auch im Winter. Sehr zu empfehlen!

Zubereitung:

Die Schnitzel klopfst du dünn und schneidest sie in eine annehmbare Größe von ca. 8 x 11 cm. Dann legst du sie in einer Schüssel mit etwas Pfeffer und Olivenöl ein.

Die Salbeiblätter waschen und auf einem Tuch gut trocknen. In einer Pfanne mit Olivenöl auf mittlerer Hitze (das Öl darf nicht zu heiß werden) langsam rösten. Die Blätter werden steif und knusprig wie Kartoffel-Chips. Vorsichtig aus der Pfanne fischen und auf eine Papierserviette legen, damit das Fett aufgesaugt wird. Zum Schluss etwas salzen.

Die Grillpfanne erhitzen, bis ein Wassertropfen kugelt. Die Temperatur herabschalten auf mittlere Hitze. Die eingelegten Schnitzel abtropfen lassen und ohne weitere Zugabe von Fett in der Pfanne von beiden Seiten kurz grillen. Da das Fleisch Bio ist, behält es die Größe und spritzt weniger. Wenn das Fleisch durch ist, etwas Salamoia darüber streuen und mit einem Schuss Rosé-Wein ablöschen. Das Fleisch darf nicht in Wein schwimmen, es ergibt nur 2–3 Löffel Fleischsauce. Aber das muss so sein, alles andere ist verdünnt und schmeckt nicht.

Auf Teller portionieren und die gerösteten Salbeiblätter darüber dekorieren. Einen Löffel Fleischsud über alles geben. Fertig.

Pollo al limone e prosecco – Prosecco-Zitronen-Huhn (mild-pikant)

Zutaten für 4 Personen:

1 frische Bio Poularde
1 große Bio Zitrone (ungespritzt)
Mittelscharfe Chiliflocken
1 Zehe Knoblauch
1 Flasche Prosecco
½ Glas kaltgepresstes Olivenöl
Pfeffer und Salz
Grüner Radicchio-Salat
1 dickwandiges Trinkglas ca. 10 cm hoch*)

*)Wenn du kein dickwandiges Glas hast, geht auch ein leeres Konservenglas dieser Größe (ohne Deckel), das du vorher von den Etiketten befreit und gut gereinigt hast.

Was ich dazu noch sagen wollte …

Nun gut. Ich gebe zu, man kann das Rezept auch mit einem normalen tiefgefrorenen Huhn aus dem Supermarkt zubereiten. Doch wenn ich, nach über 2000 Jahren Erfahrung sage, dass ein frisches Huhn und noch dazu eines, das unter normalen Umständen aufgewachsen ist, nicht nur besser, sondern *erheblich* besser schmeckt, dann darfst du mir das ruhig glauben. Selbst erfahren im Züchten von Hühnern - auch, wenn es wegen der Eier war und Lisa das überhaupt nicht amüsant fand und mich gezwungen hat, es wieder aufzugeben - weiß ich zumindest, wovon ich spreche.

Das kostet mehr, ich weiß. Viel mehr, ich weiß. Aber umgerechnet auf einen Esser und für ein besonderes Essen sind meines Erachtens fünf Euro pro Magen vertretbar. Außerdem verdienen es auch Hühner zumindest ein anständiges Leben geführt zu haben, bevor sie im Kochtopf landen. Jedenfalls gibt es einen außergewöhnlichen und knusprigen Sonntagsbraten, das verspreche ich dir.

Für den Fall, dass du einer jener Leute bist, für die ein Huhn kein Sonntagsbraten ist, lass dir gesagt sein, dass sogar Asterix und Obelix davon begeistert waren. Jawohl! Du liest richtig. Ich habe die beiden einmal zufällig bekocht, weil sie Gäste in unserem Hause waren, damals, als wir in Rom weilten. Wenn ich geahnt hätte, wie berühmt die beiden eines Tages werden würden, hätte ich mir natürlich ein Autogramm geben lassen, auf eine Wachstafel gekritzelt oder in Stein gemeißelt. Jedenfalls lobten sie meinen Braten in höchsten Tönen, auch wenn Obelix das Gericht als Antipasto bezeichnet hat und immer fragte, wann denn der Hauptgang käme. Aber lassen wir das.

Zubereitung:

Zunächst das Huhn unter laufendem kalten Wasser innen und außen gut waschen. Dann mit einem frischen Küchentuch abtupfen und auf einen Teller legen.

In einer großen Schüssel (das Huhn muss darin gut Platz haben) etwas von den Chiliflocken (je mehr, umso schärfer), etwas Pfeffer und Salz, die zerdrückte Knoblauchzehe und die geriebene Schale der ganzen Zitrone[64] gut vermengen. Das Huhn in der Schüssel mit den Gewürzen gut einreiben. Das Huhn herausnehmen und wieder auf den Teller platzieren.

Ein halbes Glas Prosecco und ein halbes Glas Olivenöl zu den restlichen Gewürzen in die Schüssel geben und alles gut verrühren. Das Gemisch wieder in das Glas füllen.

Nun kommt der schwierigste Teil:

Das gefüllte Glas in das Zentrum auf ein Blech stellen. Das Huhn nun vorsichtig über das Glas stülpen, so dass das Huhn quasi auf dem Glas sitzt. Das Glas ist nicht mehr zu sehen.

Das Blech samt Glas mit darauf sitzendem Huhn vorsichtig auf die zweite Schiene von unten in den Backofen setzen. Immer wieder ein klein wenig Prosecco auf das Blech gießen, um zu vermeiden, dass das herauslaufende Fett einen unangenehmen Geruch in der Küche verbreitet.

Das Huhn nun zwei Stunden auf 100 Grad Umluft bzw. 120 Grad normaler Backofentemperatur im Ofen garen lassen.

Auf der Servierplatte gewaschene Salatblätter um den Rand schichten, die „nackte" Zitrone in Scheiben schneiden und abwechselnd mit der ebenfalls in Scheiben geschnittenen Tomate belegen.

---

[64] Alternativ kannst du hier die getrockneten, im Mörser zermahlenen Zitronenflocken (allgemeine Rezepte) verwenden

Das fertige Huhn mithilfe von sauberen Topflappen vorsichtig vom Glas ziehen. Direkt auf die Salatblätter legen und servieren. Der Braten wird auf dem Tisch zerteilt und währenddessen der restliche Prosecco zum Anstoßen auf den guten Sonntagsbraten getrunken. Das Anschneiden des Bratens wird somit schon zu einem schönen Ritual.

Zu diesem Gericht passen Salzkartoffeln und Salat. Wer lieber Gemüse dazu reichen möchte, sollte sich an Karotten, grüne Bohnen oder Fenchelgemüse halten, jeweils wenig gewürzt, da das Huhn ausreichend Würze hat.

Einen schönen Sonntag!

Pollo all'albicocca –
Hühnerkeule in Aprikosensauce (mild)

Zutaten für 4 Personen:

4 Bio-Hühnerkeulen
Orangensaft 100% mit Fruchtfleisch
Aprikosensaft 100% mit Fruchtfleisch
1 Gemüse-Brühwürfel
Etwas Pfeffer

Was ich dazu noch sagen wollte …

Ich erspare dir jetzt meinen Diskurs zu dem Geschmack von Bio-Fleisch. Ich wiederhole mich ungern, obwohl ich es hier ständig tue (ja, ich weiß es!) und mich Lisa gelehrt hat, dass es leider manchmal nötig ist. Sie neigt dazu, meine Ratschläge nicht unbedingt sofort anzunehmen. Sie kann ja so eigenwillig sein! Wie oft muss ich alle Register meiner Erfahrung ziehen und alle meine Künste spielen lassen, damit ich sie auf den richtigen Weg bringe. Ach, Bücher könnte ich darüber schreiben! Naja, das hat sie ja getan und darin bin natürlich immer *ich* die Ursache allen Ärgers. Typisch. Zumindest hier kann ich ein paar Dinge klarstellen, deshalb lasse ich mich hin und wieder dazu verleiten abzuschweifen.

Warum mir das gerade jetzt durch den Kopf geht? Deshalb: Lisas deutsche Familie bittet mich immer, dieses Gericht mit Reis zu servieren. Mir stellen sich die Fellhaare auf! Niemand würde in Italien je auf so einen Gedanken kommen! Aber, ich muss zugeben - wir Penaten sind ja sehr lernfähig - es schmeckt gar nicht mal so übel. Allerdings muss man dann das Primo weglassen, denn das wird sonst zu viel. Und ein klassisches, italienisches Menü ist das dann auch nicht mehr ... aber was tut man nicht alles, um den Familien-Frieden zu wahren.

Am besten schmeckt dieses Gericht natürlich mit frisch gepresstem Orangensaft und hausgemachtem Aprikosensaft mit Fruchtfleisch. Aber selbst ich habe das nicht immer griffbereit oder nicht die Zeit. Und da hat sich guter Saft aus dem Supermarkt bewährt. Aber: Die Betonung liegt auf gut. Bloß keine Chemie, bitte! Es sollte unbedingt 100% Saft mit Fruchtfleisch sein. Alles andere ist schade um die Arbeit und vor allem um das Leben des Huhns, besonders dann, wenn es ein artgerechtes Leben hatte.

Zubereitung:

Die Hühnerkeulen waschen und gut trocknen. In der Pfanne von beiden Seiten kurz scharf anbraten.

Mit der schönen Seite nach oben in einen großen Fleischtopf oder eine große hohe Pfanne legen, so dass alle vier Keulen nebeneinander Platz haben. Mit Fruchtsaft aufgießen, so dass gut die Hälfte der Schlegel mit Saft bedeckt sind. Dabei 1/3 Orangensaft und 2/3 Aprikosensaft verwenden. Den Brühwürfel zerbröselt in den Saft geben und verteilen. Etwas Pfeffer zugeben. Auf mittlerer Hitze 60 Minuten ohne Deckel köcheln lassen.

Während dieser Zeit verdickt der Saft langsam zu einer cremigen Sauce. In der Regel passiert dies erst in den letzten 10 Minuten. Sollte es nötig sein, ab und zu Saft nachgießen.

Dazu passt mildes gekochtes oder gegrilltes Gemüse, gekochte Kartoffeln, eingelegtes Aprikosen-Mostarda (siehe Rezept Seite 36) oder sogar frische Aprikosenscheiben.

Torta Salata –
Würzige Torte (herzhaft)

Zutaten für 1 Torte:

250 g Mehl (Vollkorn oder Weißmehl, je nach Belieben)
3 Eier
125 g Butter
50 g getrocknete Tomaten (Glas in Öl ohne Essig!)
50 g schwarze Oliven (ohne Kerne)
160 ml Sahne
120 g geriebener frischer Parmesan oder Grana
2 Knoblauchzehen
1-2 Esslöffel frischer gehackter Schnittlauch
1-2 Esslöffel frischer gehackter Rosmarin
Etwas frischer Thymian
Pfeffer
1 flache feuerfeste Keramikform (alternativ Springform)

Was ich dazu noch sagen wollte …

Das ist eines jener unglaublich vielseitig einsetzbaren Rezepte
und schon deshalb einer meiner Favoriten. Ich bin überzeugt, du

wirst auch ein wahrer Fan davon werden, denn diese herzhafte Torte ist einfach ein Gedicht! Petrarca[65] würde vor Neid erblassen!

Wenn du es eilig hast, kannst du auch einen gekauften, fertigen Teig verwenden, um das Gemansche mit dem Mehl zu überspringen. Moderne Zeiten machen's möglich, aber leider aus Zeitgründen oft auch nötig - sehr zu meinem Penaten-Bedauern! Ich, als Koch und Vertreter der natürlichen und nachhaltigen Küche, mache meinen Teig immer selbst. Dann weiß ich zumindest, was drin ist.

Dieses Gericht kannst du als Antipasto servieren und in diesem Fall reicht die flache Torte für ca. 6-8 Personen, da man davon nur ein kleines Stück isst.

Als zweiter Gang reicht sie für 4 Personen, wenn du einen entsprechend ausreichenden ersten Gang serviert hast. Dazu schmeckt eine schöne Schüssel gemischter Salat und/oder (je nach Hunger) ein leichtes Gemüse.

Zubereitung:

Der Teig

Mehl mit Butter und 1 Ei mit ein klein wenig Salz (!) zu einem glatten Teig verkneten. Im Kühlschrank 30 Minuten ruhen lassen.

In der Zwischenzeit bereiten wir die Füllung vor (siehe unten).

Dann auf einer bemehlten Unterlage auswalken auf ca. 0,5 cm. Die Keramik-Form umgekehrt auf den Teig legen und mit dem Messer den Teig rundum herausschneiden. Die Form zur Seite legen und mit einem großen, flachen Messer den Teig abheben

---

[65] Francesco Petrarca (1304-1374), ital. Dichter

und in die Form drücken. Mit dem restlichen Teig kann der Rand noch weiter ausgebaut oder mögliche Löcher geflickt werden. Den Teigboden mehrmals mit der Gabel einstechen.

Die Füllung

Die Tomaten in kleine Würfel schneiden. Knoblauch, Schnittlauch, Rosmarin fein hacken. Thymian von den Stängeln streifen und zu den gehackten Gewürzen geben. Die Oliven in Ringe schneiden.

Zwei Eier verquirlen und mit der Sahne und dem geriebenen Käse vermengen. Die Gewürze zugeben und abschmecken. Wer es etwas würziger mag, kann davon gerne noch etwas zugeben. Es wird kein Salz verwendet, da die Zutaten bereits sehr salzig sind.

Die Masse auf den Teig verstreichen. Im Ofen auf der zweiten Schiene von unten ca. 20-30 Minuten bei 150 Grad Umluft bzw. 170 Grad normaler Backofenhitze backen. Die Torte ist fertig, wenn die Oberfläche goldbraun ist.

Bei Jupiter! Hab' ich jetzt einen Hunger!

Torta di patate –
Kartoffeltorte (mild)

Zutaten:

700 g gekochte Kartoffeln
200 g Zwiebeln
6 Eier
Olivenöl
Salamoia (siehe Rezept S.34), alternativ Salz
1 tiefe Pfanne mit Deckel (24 cm, am besten beschichtet)

Was ich dazu noch sagen wollte …

Um es gleich vorneweg zunehmen: Das wird nicht im Ofen gemacht und ist ganz einfach. Und: *Certo!* Wir Italiener essen nicht
nur Pasta und Pizza. Auch Kartoffeln.

Dies hier ist wieder ein Rezept, dass du als zweiten Gang (warm)
oder als Antipasto (kalt) servieren kannst. Ich liebe es, wenn ein
Rezept vielseitig ist. Dieses Gericht hat seinen Ursprung in Spani-

en, erfreut sich in der Italienischen Küche aber großer Beliebtheit, besonders als vegetarisches *Secondo*. Es gibt eine lange Liste verschiedener Rezepte und Varianten dafür. Ich finde dieses hier gut, weil es den einfachen Geschmack bewahrt und deshalb gut mit anderen Speisen kombinierbar ist.

Zubereitung:

Die gekochten Kartoffeln pellen und in dünne Scheiben schneiden. Die Zwiebeln in Streifen oder Würfel schneiden. Beides zusammen in einer Pfanne mit etwas Olivenöl anbraten, goldbraun, je nach Geschmack.

Die Eier verquirlen. Die Kartoffeln-Zwiebel-Masse etwas abkühlen lassen und dann mit den Eiern vermengen. Wer will, kann noch frische Petersilie zugeben. Klassisch ist das kein Muss. Ziehen lassen.

Die Pfanne mit Öl bestreichen und die Masse hineingeben. Bei geschlossenem Deckel und niedriger Hitze gute 20-30 Minuten langsam backen lassen. Die Torte ist fertig, wenn auch im Zentrum alles fest geworden ist, aber der Boden nicht verbrannt ist.

Von der Feuerstelle nehmen und vorsichtig auf eine Kuchenplatte stürzen. Die *Torta* hält sich in der Pfanne gut warm und wird erst kurz vor Servieren gestürzt, weil sie sonst auskühlt.

Dazu passt frischer Salat, aber auch alle Arten von Gemüse. Auch ein paar Scheiben gekochter Schinken ergänzen diesen zweiten Gang hervorragend.

Scaloppine all'arancia –
Orangen-Schnitzel (mild)

Zutaten für 4 Personen:

4 Kalbs- oder Schweineschnitzel
1 ungespritzte Orange (oder Zitrone)
Etwas Butterschmalz (oder Olivenöl mit Butter)
Etwas Mehl
Etwas Salz
Etwas Weißwein
(ein Schuss Orangen-Cognac)

Was ich dazu noch sagen wollte …

Der Klassiker ist das Rezept *Scaloppine al limone*, klar. Das kennt man. Lisa hat dieses Gericht zum ersten Mal bei unserer Nachbarin, Maurizios Oma gekostet. Sie kam nach Hause und hat mich gefragt, ob ich das auch beherrschen würde? *Ob* ich das *kann*?! Hat man da noch Töne! Das war der Moment, an dem ich ihr natürlich demonstrieren musste, dass ich nicht nur *al limone* beherrsche, sondern ihr noch etwas viel Feineres vorsetzen werde. Im Nachhinein fragte ich mich allerdings, ob sie mich da nicht mit meinen eigenen Waffen geschlagen hatte? Sie grinste so zufrieden, als ich ihr am nächsten Tag dieses Gericht vorsetzte. Hmmm.... Je länger ich darüber nachdenke ...

Grundsätzlich bedeutet das jedenfalls, dass du für dieses Rezept natürlich auch Zitrone verwenden kannst. Ich habe es jedoch mit Orange abgewandelt und ich verrate nun auch dir, dass das noch um Klassen besser schmeckt.

Wichtig bei diesem Gericht ist die Größe des Fleisches. Auf keinen Fall sollten hier große Fladen auf dem Teller landen! *Scaloppine* sind 10-12 cm lang und nicht breiter als 7-8 cm. In Italien kauft man das Fleisch bereits richtig geschnitten und dünn. Da wird nichts mehr geklopft. Wenn du also normale Schnitzel kaufst, wird es nötig sein, dass du diese dünn klopfst (ca. 0,4 cm) und dann das Fleisch in gleichgroße Stücke schneidest. Dann wird dein Gericht sehr original aussehen!

Zubereitung:

Das Fleisch in Mehl wenden. Es sollte gut bedeckt sein.

Die Schale der Orange reiben (oder, wenn du Flocken verwendest, diese im Mörser zu Pulver reiben). Die geriebene Schale bzw. das Pulver über das Fleisch streuen, so dass es auf beiden Seiten anhaftet.

In einer Pfanne Butterschmalz erhitzen und die *scaloppine* von beiden Seiten goldbraun anbraten. Das dauert kaum 1-2 Minuten. Etwas Salz drüberstreuen.

Mit etwas Weißwein aufgießen, so dass die meiste Flüssigkeit verdunstet. Es bleibt ein kleiner Rest Sauce (5-6 Esslöffel). Solltest du zufällig Orangenlikör zu Hause haben, dann schmeckt ein Schuss davon auch sehr lecker.

Das Fleisch auf die Teller portionieren und jeweils 1-2 Löffel Sauce darüber geben.

Dazu passen gekochte Kartoffeln oder mildes Gemüse, wie z.B. Fenchel oder gegrillte Pflanzenkost. Gerne auch Scheiben einer frischen Orange.

Branzino al limone su porro – (mild)
Seebarsch in Zitronensauce auf Porree-Bett

Zutaten für 4 Personen:

4 Seebarsch-Filets
4 kleine Gläser Weißwein
Frische Petersilie
1 Saft Zitrone
Etwas Butterschmalz
Etwas Butter
Etwas Mehl
Etwas Salz
1 Brühwürfel Gemüse
3 Stangen Lauch

Was ich dazu noch sagen wollte ...

Als Kater liebe ich Fisch natürlich. Bologna, mein Wohnort, liegt weder am Meer noch an einem See, nur an einem kleinen Fluss, dem Reno (übersetzt heißt das übrigens Rhein). Der aber - moderne Zeiten, uff - ist völlig überbaut und fließt quasi unterirdisch durch die Stadt. An einer kleinen Stelle, die man kennen muss, um sie zu finden, kann man ihn noch sehen. Aber ob darin noch etwas lebt? Ich bezweifle es. Fische jedenfalls nicht. Ratten vielleicht. Und wer mich kennt, weiß, was ich über die denke.

Aber jetzt muss ich aufpassen, sonst mache ich dir diese schöne Stadt noch völlig madig. Das verdient sie nämlich nicht. Bologna ist bestimmt einen Besuch wert! Doch zurück zum Seebarsch, der schwimmt sowieso nicht im Fluss.

Das Rezept hier ist schnell zubereitet und leicht. Es kann auch nicht viel schiefgehen. Allerdings musst du, als Koch und Gastgeber, nach dem ersten Gang vom Tisch aufstehen und den zweiten Gang frisch zubereiten. Das dauert aber nur 15-20 Minuten. Und nachdem ein italienisches Menü sowieso Zeit zwischen den Gängen lässt, ist das kein Problem. Den Lauch kannst du schon mal fünf Minuten vorgaren.

Also, komm mit in die Küche! Komm!

Zubereitung:

<u>Das Gemüse</u>

Den Lauch gut waschen, die Enden und zu grobe Blätter außen entfernen. Den Porree jeweils in längliche Streifen von ca. 15 cm schneiden. Je dünner du sie schneidest, umso besser.

Die Streifen ordentlich in einen Topf mit etwas Wasser und einem zerbröckelten Brühwürfel legen, so dass sie alle in eine Richtung zeigen. Mit Deckel zum Kochen bringen und ca. 5-6 Minuten dünsten, bis das Gemüse weich ist, aber noch Biss hat. Die Farbe sollte ein frisches Grün bewahren. Wenn deine Streifen sehr fein sind, kann es auch etwas schneller gehen.

Während das Gemüse kocht, kannst du schon mit dem Fisch weitermachen (siehe unten). Beides muss nämlich warm zusammen auf den Teller.

Wenn das Gemüse fertig ist, vorsichtig mit einem Pfannenwender aus dem Topf in ein Sieb heben, noch immer alle Stangen ordentlich in eine Richtung. Das Sieb über den noch heißen Topf platzieren und mit dem Deckel über dem Sieb das Gemüse abtropfen lassen, es dabei aber warm halten. (Die Brühe unbedingt aufbewahren! Die gibt einen guten Fond für eine leckere Gemüsesuppe).

Der Fisch

Petersilie sehr klein hacken. Die Filets kurz unter kaltem Wasser waschen und trocknen. In Mehl wenden.

Die Pfanne erhitzen und den Fisch kurz in etwas Olivenöl anbraten. Den Wein zugeben und ein paar Minuten darin köcheln lassen, bis der Alkohol verdunstet ist und das Mehl und der Wein eine cremige Substanz ergeben. Der Fisch sollte durchgängig weiß (nicht mehr glasig) sein.

Etwas Butter, etwas Zitronensauce und Petersilie zugeben, verrühren. Mit etwas Salz abschmecken. Fertig ist die Sauce.

Den Porree (gut abgetropft) auf die Teller schichten, so dass alle Stangen in eine Richtung liegen. Je ein Filet auf das Gemüse betten und etwas Sauce darüber geben. Mit einem Petersilienblatt garnieren. Als Beilage passen dazu gekochte Kartoffeln oder auch noch weiteres mildes Gemüse.

Salmone croccante –
Knuspriges Lachsfilet (herzhaft)

Zutaten für 4 Personen:

4 Lachsfilet (à 250 g)
1 Bund frische Petersilie
100 g Brotwürfel
2 frische Triebe Rosmarin (nicht verholzt)
50 ml Olivenöl
Die Schale einer ungespritzten Zitrone
Etwas frischer Thymian
Etwas frischer Dill
Pfeffer/Salz

Was ich dazu noch sagen wollte …

Lachs ist kein Mittelmeer-Fisch, deshalb in der italienischen Küche eigentlich kein historischer Speisefisch, wenn man so will. Dennoch heute sehr beliebt. Eine passende Schote meiner Familie zum Stichwort „Lachs" fällt mir ausnahmsweise nicht ein. Deshalb beginnen wir einfach mit der Zubereitung. Ist ja auch mal ganz erholsam, nicht immer etwas dazu sagen zu müssen …

Zubereitung:

Alle Zutaten – außer dem Lachs natürlich – in einem Mixer kurz vermischen, so dass eine grobe Brösel-Masse entsteht, jedoch kein Brei! Wer keinen Mixer hat, kann an Stelle der Brotwürfel Paniermehl nehmen und die Kräuter mit einem Wiegemesser entsprechend kleinhacken.

Die Fischfilets werden in eine Auflaufform gelegt und mit der Masse von oben zugedeckt. Es sollte kein Berg auf dem Lachs entstehen, sondern nur eine Decke.

Der Fisch wird bei 180 Grad 20 Minuten im Ofen gebacken. Schon fertig.

Polpette di ricotta al sugo –
Ricotta-Klößchen in Sauce (herzhaft)

Zutaten für 4 Personen:

250 g Ricotta
100 g nicht getoastetes Toastbrot (Vollkorn oder weiß)
Etwas Semmelbrösel (Paniermehl)
50 g geriebener Parmesan
650 ml gewürfelte Tomaten aus Dose/Glas (keine Fertigsauce!)
1 Ei
1 Bund frische gehackte Petersilie
1 Knoblauchzehe
10 gehackte Basilikumblätter mit Stängel
Etwas Olivenöl
Etwas Salz
Etwas Muskatnuss
1 Kaffeelöffel Zucker

Was ich dazu noch sagen wollte ...

Sorpresa![66] Es gibt viele Arten von *polpette* in der italienischen Küche: Fleisch, Gemüse, Getreide, Käse und sogar Fisch. Du musst wissen: *polpette* haben eine sehr, sehr lange Tradition. Sogar länger als ich mich erinnern kann, und das sind immerhin 2000 Jahre!

Ursprünglich kommen sie nämlich aus Persien, da wurden sie *kofta*[67] genannt. Denn diese besetzten Länder der Römer „besiegten" ihre Herren sozusagen im Nachhinein durch ihre Kultur und Küche! Und zwar ziemlich nachhaltig, das kann ich höchst persönlich bestätigen. Davon konnten die Gallier und Germanen nur träumen! Jedenfalls lernte auch ich auf diese Weise zum ersten Mal diese leckeren Klößchen kennen und schätzen.

Dieses Rezept ist sättigend. Also, wenn du bereits ein kräftiges Primo serviert hast, genügt dazu als zweiter Gang nur <u>ein</u> *contorno*, auch, wenn das Bild es hier anders zeigt. Wenn du hingegen nur ein kleines Antipasto servierst, dann dürfen es auch zwei Beilagen sein.

Zubereitung:

<u>Die Klößchen</u>

Den Ricotta in einem Sieb abtropfen lassen. Das ist dann der Fall, wenn du frischen Käse gekauft hast. Industriell abgepackter Ricotta ist in der Regel weniger nass. In eine Schüssel geben.

Das Toastbrot in kleine Würfel schneiden und mit dem Wiegemesser oder einem Mixer zerkleinern. Zu dem Ricotta in die Schüssel geben.

---

[66] Ital: Überraschung
[67] In Indien heute noch gebräuchliche Bezeichnung

Petersilie, Ei, etwas Pfeffer, etwas Chili-Salz und den Parmesan ebenfalls in die Schüssel geben. Alles gut vermengen bis du eine homogene Masse hast.

Vor der Zubereitung der Klößchen solltest du nun einen tiefen Teller mit Semmelbrösel, einen größeren flachen leeren Teller und eine Schüssel Wasser zum Hände eintauchen bereitstellen.

Dann aus der Masse mit nassen Händen kleine Klößchen von max. 2 cm Durchmesser formen, in den Semmelbröseln rollen und dann vorsichtig auf dem sauberen Teller oder Brett ablegen. Das erfordert ein wenig Geduld und ständiges Händewaschen zwischendurch, aber nach und nach wirst du schöne weiche Bällchen ansammeln, die du dann in den Kühlschrank stellst.

Keine Sorge: Wenn ich das mit meinen Pfoten kann, wirst du das auch hinbekommen! Du kannst diese Klößchen auch am Tag vorher in Ruhe zubereiten und im Kühlschrank so lange ruhigstellen, bis du den zweiten Gang zubereitest.

Die Sauce und Klößchen fertigstellen

In einer tiefen Pfanne den Knoblauch mit einem Kaffeelöffel Zucker in Olivenöl anschmoren, also beinahe ein wenig karamellisieren. Dann die Tomaten aus Dose/Glas aufgießen.

Basilikum, Salz und Muskat nach Geschmack zugeben und alles 10-15 Minuten bei offenem Deckel köcheln lassen. Die Sauce abschmecken, möglicherweise noch etwas Öl zugeben.

Während du den ersten Gang servierst, kannst du diesen zweiten alleine auf dem Herd ziehen lassen. Denn nun legst du vorsichtig alle Klößchen in die Sauce und lässt das Ganze bei geschlossenem Deckel und geringer Hitze 15 Minuten ziehen. Da diese Ricotta-Bällchen sehr zart und delikat sind, rate ich dir dringend davon ab, umzurühren!

Das Gericht ist fertig, wenn die Sauce kaum noch Flüssigkeit in der Pfanne aufweist, aber das meiste davon an den Klößchen hängt.

Die Klößchen gleich auf die Teller portionieren und hübsch anrichten. Wie gesagt, sie sind empfindlich und werden es nicht verzeihen, wenn du sie erst aus der Pfanne in eine Schüssel gibst, in der dann jeder Gast herumrührt, um sich etwas zu nehmen. Das wird schnell unansehnlich und das Auge isst mit, wie wir wissen. Die Beilagen wiederrum kannst du gerne in Schüsseln oder auf Platten auf den Tisch stellen.

Buon appetito!

Zucca con Gorgonzola –
Kürbis-Gorgonzola-Fondue (herzhaft)

Zutaten für 4 Personen:

1 mittelgroßer Kürbis
500 g Vollkornbrot
150 g Gorgonzola
150 g Mozzarella
50 g Mehl
50 g Butter
½ Liter Gemüsefond
70 ml Olivenöl
1 Knoblauchzehe
1 Lorbeerblatt
Etwas Muskat
Etwas geriebener Parmesan
Etwas Chili-Salz/Pfeffer
Etwas Thymian
Etwas Majoran
Etwas frisch gehackte Petersilie

Was ich dazu noch sagen wollte ...

Ahhh! Ecco una cosa divertente![68] Dieses Gericht hier ist nun das beliebteste für kalte Herbst- und Winterabende, an denen Lisa und Marco ihre Freunde einladen. Da geht es in der Regel zu Tisch dann heiter zu. Es handelt sich hier nicht ganz um ein klassisches Fondue, denn es wird im Ofen zubereitet. Aber der Kürbis steht dann mit seinem leckeren Inhalt in der Mitte des Tisches und jeder Gast fischt sich mit einem langen Löffel nach und nach davon heraus. Die Unterhaltung dabei ist ebenso anregend wie jedes Fondue.

Dazu wird ein kräftiger Rotwein und Brot gereicht.

Es ist ein wenig Aufwand in der Zubereitung, aber dafür kann auch der Koch oder die Köchin später in Ruhe mit am Tisch sitzen und genießen. Und bei diesem *secondo* braucht es wirklich kein *primo!* Ein kleines Antipasto vorher und ein kleines Dessert hinterher reichen völlig, denn diese Kürbis-Füllung ist sehr sättigend.

Zubereitung:

Die Sauce Béchamel

Mehl und Butter in einem kleinen Töpfchen mit dem Lorbeerblatt anschwitzen. Nicht allzu dunkel werden lassen! Den Gemüse-Fond nach und nach hineinrühren und unter weiterem Rühren bei kleiner Hitze etwa 5 Minuten köcheln lassen. Mit Chilisalz, Pfeffer und Muskat abschmecken und durch ein feines Sieb passieren, sodass keine Klümpchen in der Sauce bleiben. Zur Seite stellen.

---

[68] Ital: Hier eine unterhaltsame Sache!

Die Kürbis-Füllung

Den oberen Teil des Kürbisses so abschneiden, dass er später als Deckel wieder aufgesetzt werden kann. Die Kerne aus dem Inneren entfernen. Das Fleisch mit einem Löffel vorsichtig herauskratzen und in eine Schüssel geben. Zur Seite stellen. Übrig bleibt eine hohle Kürbisform, die noch etwas Fleisch am Rand hat und stabil ist.

Das Brot in Würfel schneiden (inkl. Rinde) und ebenfalls in einer Schüssel zur Seite stellen. Beide Käse ebenfalls in kleine Würfel schneiden.

Olivenöl, Knoblauch, Thymian, Majoran und gehackte Petersilie vermengen. Das Innere des Kürbisses damit ausstreichen und den Rest in einer kleinen Schüssel mit etwas Öl vermischen.

Nun werden die verschiedenen Zutaten in mehreren Durchgängen schichtweise in den Kürbis gefüllt:

- o Béchamel-Sauce
- o Ein paar Flocken des Kürbis-Fleisches
- o Ein paar Brotwürfel
- o Ein paar Würfel Gorgonzola
- o Ein paar Würfel Mozzarella
- o Etwas von dem Kräuter-Öl
- o Von vorne … bis der Kürbis randvoll ist

Zum Schluss wird dem Kürbis wieder der Deckel aufgesetzt. Nun wird das Ganze 90 Minuten bei 160 Grad im Ofen gebacken.

Buon divertimento![69]

---

[69] Ital: Gute Unterhaltung!

Altri Secondi –
Weitere zweite Gänge

Da du manche meiner Rezepte sowohl als *secondo* als auch als einen anderen Gang reichen kannst, findest du in dieser Tabelle weitere Kochanleitungen, die als *secondo* geeignet sind, jedoch in einer anderen Kategorie gelistet sind.

Rezept	Wo findest du das Rezept	Seite
Melanzane al forno (vegetarisch)	*Contorni*, Beilagen	Seite 199

Bestimmt ist dir auch der *Insalata Caprese* (Tomaten mit Mozzarella) ein Begriff. Dieses Rezept brauchst du bestimmt nicht, deshalb erspare ich mir das hier. Aber, was du vielleicht nicht weißt, ist, dass dieser etwas üppige Salat in Italien auch gerne als 2. Gang, also als *secondo* aufgetischt wird.

Contorni –
Beilagen

Es gab eine Zeit, da erzitterte mein Schnurrhaar, wenn ich hören musste, dass es hieß, das Wasser, in dem Gemüse gekocht wurde, sei wegzuschütten! Anstatt - wie ich es zwei Jahrtausende lang getan habe - als Sud für einen Fond zu verwenden. Man sagte, es enthielte mehr Schadstoffe als Vitamine!

Nicht, dass ich das anzweifelte. Die Menschheit vollbrachte im Verlauf meines langen Lebens immer wieder unglaubliche Dummheiten. Das an sich überraschte mich nun nicht besonders. Aber, dass sie so weit gehen würde, die eigenen Nahrungsgrundlagen zu vergiften, das übertraf sogar meine geringe Erwartung an eure Spezies.

Aber, und das muss ich fairerweise ebenfalls sagen, ihr Menschen seid auch lernfähig. Nicht in dem Maße wie wir Penaten freilich, aber doch. Heute gibt es immerhin wieder Gemüse, dessen Kochwasser man bedenkenlos als Fond verwenden kann, weil es ohne künstlichen Dünger und Gifte wächst. Und das ist gut so! Der Gemüsefond ist nämlich - du wirst es schon bemerkt haben - ein wichtiger Bestandteil meiner Küche.

Also: Wann immer du Gemüse kochst, auch Salzkartoffeln oder Dinkelkörner, den Sud als Basis für einen Gemüsefond verwenden. Vorausgesetzt freilich, du kaufst nicht belastetes Grünzeug. Ausnahme dabei ist Spargel, denn dieses Wasser schmeckt sehr intensiv und eignet sich nur als Grundlage für eine Spargelsuppe.

Beilagen, die sogenannten *contorni,* sind zum Großteil ja Gemüse. Dazu zählen, wie schon an anderer Stelle erwähnt, auch Kartoffeln und Salat. *Nicht* in diese Kategorie fallen, auch das schon zuvor gesagt, Nudeln oder Reis. *Niente "ma ... però ...", è cosi, basta*[70].

---

[70] Ital: Kein „aber", das ist so. Punktum.

Finocchi –
Fenchelgemüse (mild)

Zutaten für 4 Personen:

2 Knollen frischer Fenchel
Kaltgepresstes Olivenöl
Grober Pfeffer
Etwas Kohlflocken (siehe Grundlagenrezepte)
1 Gemüse-Suppenwürfel

Was ich dazu noch sagen wollte …

Fenchel? *Noooo...*! Das erinnert mich an Blähungen und Baby-Tee.

Diesen Ruf verdient das Gemüse nicht! Es ist ein köstliches Gewächs, eine bekömmliche Beilage für Fleisch oder Fisch und kann kalt auch als Antipasto serviert werden. Und das Wasser, in dem ich Fenchel koche, verwende ich gerne als Sud für eine Gemüsesuppe, es hat nämlich einen wunderbar süßlichen Geschmack (von den Vitaminen mal ganz abgesehen). Fenchelsud eignet sich hervorragend für Minestrone oder Zucchine-, Kohl- oder Kürbiscremesuppen.

Zubereitung:

Die Knollen waschen. Die Spitzen der Stängel abschneiden, aber nur die Spitzen!

Die Knolle so in Scheiben schneiden, dass die Form der Knolle sichtbar bleibt. Vorsichtig in kochendes Wasser, angereichert durch einen Gemüsebrühwürfel, legen. Ca. 15 Minuten auf mittlerer Hitze kochen lassen.

Wenn das Gemüse glasig ist, ist es in der Regel fertig. Es sollte noch etwas Biss haben, also nicht zu matschig sein, sonst verliert es bei Herausnehmen auch die Form.

Auf einen Teller dekorieren, die Knollenform bleibt dabei sichtbar. Etwas groben Pfeffer, Kohlflocken und Olivenöl darüber geben. Fertig.

Fette di Melanzane –
Auberginentaler (mild)

Zutaten für 8-10 Auberginen-Taler:

1 mittelgroße Aubergine
2 Packungen Büffelmozzarella
1-2 große Fleischtomaten
Frische Sprossen (Alfalfa oder Soja- oder Linsensprossen)
Olivenöl
Salz, Pfeffer
Pfanne mit Deckel

Was ich dazu noch sagen wollte ...

Dieses leichte Gericht wird warm als Gemüse zu gebratenem Fleisch gereicht. Es schmeckt auch als Antipasto mit etwas Weißbrot. Wichtig dabei ist, dass man es so plant, dass es warm serviert wird.

Bevor wir beginnen, möchte ich aber noch ein paar Worte über Auberginen loswerden. Auberginen heißen auf italienisch *melanzane* und saugen viel Fett, wenn man sie nicht achtsam zubereitet. Sie werden dann zu einem allzu üppigen Gemüse, das schwer im Magen liegt.

Wie du nun schon weißt, wurde schwere Kost selbst zu Zeiten des alten Roms nicht geschätzt. Lass dir erzählen, dass schon damals „leicht verdaulich" Gebot war. Das Bild der üppigen Gelage, das man heutzutage im Kopf hat, denkt man an das alte Rom, stimmt so nicht ganz. Ich muss es schließlich wissen: Ich war dabei. Es verhielt sich etwas anders. Diese ausgiebigen Mahlzeiten waren doch nur möglich, *gerade weil* die Gerichte leichtverdaulich waren. Im Grunde ist es nachvollziehbar, wenn man darüber nachdenkt. Stell dir vor: Das ging sogar so weit, dass man damals sogar Speisen lobte, die eine abführende Wirkung hatten. Aber nun verrenne ich mich in ein anderes Thema. Sprechen wir über das Rezept.

Ich verrate dir also das Geheimnis der schonenden (und gesunden!) Zubereitung einer Aubergine. Auch, wenn ich mich nun selbst lobe: Mein Rezept hier wird der leichten mediterranen Küche mehr als gerecht.

Zubereitung:

Die Aubergine waschen und in dicke Scheiben schneiden (ca. 0,8 cm, das ergibt bei einer mittelgroßen Frucht ungefähr 8-10 Scheiben). Die Fleischtomate und den Mozzarella ebenfalls in gleich dicke Scheiben schneiden. Die Anzahl der Scheiben sollte bei Tomate und Käse dieselbe sein wie die der Aubergine.

Vier bis fünf von den Auberginenscheiben nun in eine große Pfanne legen, ein wenig Wasser hinzugeben, sodass der Pfannenboden kaum bedeckt ist und etwas Salamoia (siehe Rezept Seite 34) ins Wasser streuen. Auf mittlerer Hitze offen dünsten, regelmäßig etwas Wasser nachgießen, bis die Scheiben <u>leicht</u> glasig werden. Die Scheiben wenden.

Dann legst du jeweils eine Scheibe Tomate auf die Auberginenscheibe und dünstest diese nochmals etwas weiter, diesmal jedoch mit dem Deckel verschließen. Stets darauf achten, dass immer ein klein wenig Feuchtigkeit den Pfannenboden bedeckt.

Wenn die Auberginen durchgängig glasig sind, die Tomatenscheiben mit jeweils einer Scheibe Mozzarella belegen. Kurz mit geschlossenem Deckel weiter erhitzen, bis der Käse geschmolzen und der weiße Saft des Mozzarellas sich mit dem Saft der Tomaten auf dem Pfannenboden vermengt hat.

Das Gericht ist fertig, wenn der Käse geschmolzen, aber nicht auf den Pfannenboden gelaufen ist. Auf einem Teller anrichten, warmhalten und die zweite Portion auf dieselbe Weise vorbereiten.

Die Auberginentaler mit frischen Sprossen überstreuen, etwas Pfeffer, Salz und Olivenöl darüber geben und sofort servieren.

Radicchio essiccato –
Radicchio-Beilage (mild)

Zutaten für 4 Personen:

1 Radicchio, längliche Form
Etwas Olivenöl
Salz/Pfeffer

Was ich dazu noch sagen wollte …

Ein wenig Geduld brauchst du für diese Beilage. Aber dafür kannst du sie quasi nebenher machen. Der längliche *Radicchio* hat einen bitteren Geschmack, ähnlich wie Chicorée.

Zubereitung:

Die äußeren Blätter entfernen. Dann die Blätter vorsichtig abziehen, sodass sie nicht zerbrechen und als Ganzes in eine heiße Pfanne ohne Fett geben. Bei mittlerer Hitze die Blätter antrocknen und wenden, wenn der innere weiße Stamm bräunlich wird.

Wenn auch die andere Seite eine goldbraune Farbe angenommen hat, aus der Pfanne nehmen. Der Radicchio ist nun im violetten Teil papiertrocken, der weiße Stamm hat eine ledrige Konsistenz.

Auf eine Platte dekorieren und die nächsten Blätter auf die gleiche Weise trocknen. Zum Schluss etwas Olivenöl, Salz und Pfeffer darüber geben. *Ecco fatto!*[71]

---

[71] Schon fertig!

Pomodori gratinati –
Überbackene Tomaten (herzhaft)

Zutaten für 4 Personen:

800 g Tomaten mittlerer Größe
70 g Semmelbrösel (Paniermehl)
1 Knoblauchzehe
Frisches gehacktes Basilikum (inkl. Stängel!)
50 g geriebener Parmesan
Olivenöl
Pfeffer/Salz

Was ich dazu noch sagen wollte ...

Ich mag es ja gar nicht erzählen, aber wann immer ich an Tomaten denke, kommt mir diese Sache in Erinnerung. Und in Italien
passiert das häufig. Du wirst es vielleicht nicht wissen, aber die
Redewendung „treulose Tomate" hat seine geschichtliche Begrün-
dung. Es ist noch nicht lange her, gerade mal so um die hundert
Jahre, da war Italien schon bekannt als das Land, das den größten
Tomatenkonsum hatte. Während dieser Zeit, also während des
ersten Weltkrieges, waren meine Landsleute zunächst Verbündete

Deutschlands, entschieden sich jedoch 1915 für die Gegenseite. Aus deutscher Sicht ein Verrat - daher werden noch heute wortbrüchige oder unzuverlässige Zeitgenossen als "treulose Tomate" bezeichnet. Und trotzdem mussten Italien und Deutschland das Ganze ein zweites Mal wiederholen, im zweiten Weltkrieg, bis endlich Frieden zwischen unseren Nationen eingetreten ist. Was soll ich als weiser, alter Hausgeist dazu sagen, außer das, was ich immer sage? Die Menschheit legt oft ein Verhalten an den Tag, das ich nur als sehr wenig entwickelt bezeichnen kann. Ich jedenfalls habe meinen Beitrag dazu geleistet, dass Frieden zwischen unseren Nationen bestehen bleibt, indem ich Lisa mit einem italienischen Mann versorgt habe. Was ist dazu besser geeignet als die Liebe? Aber das ist eine andere Geschichte. Nun zum Rezept.

Zubereitung:

Die Tomaten quer halbieren. Das Innere mit einem Löffel vorsichtig herauslösen und in einem Sieb über einer Schale abtropfen lassen. Die leeren Hälften in einer Auflaufform (Alternativ Backblech) mit der Öffnung nach oben aufstellen.

Die abgetropfte Masse mit den Semmelbröseln, Knoblauch, Basilikum, dem Parmesan, etwas Pfeffer und etwas Olivenöl vermengen. Erst dann nochmals abschmecken und nach Geschmack Salz zugeben.

Die Masse in die Tomaten füllen, sodass diese wieder randvoll sind. Es sollte sich kein „Berg" auf der Tomate auftürmen, da die Masse sonst nicht durchbäckt. Bei 180 Grad für 30 Minuten backen.

Wenn dies eine Beilage zu einem zweiten Gang ist, wird das Gemüse warm serviert. Als Antipasto isst man es auch kalt mit etwas Öl darüber geträufelt.

Pomodorini al rosmarino –
Kleine Rosmarin-Tomaten (herzhaft)

Zutaten für 4 Personen:

20-30 kleine Flaschen-, Birnen- oder Eiertomaten (je nach Größe
der Auflaufform)
Mehrere frische Rosmarintriebe
20 g geriebener Parmesan
Etwas grober Pfeffer
Olivenöl

Was ich dazu noch sagen wollte ...

Glaub mir! Nicht jede Tomate eignet sich für dieses Rezept. Da
darf man nicht naiv sein. Vieles in der Italienischen Küche sieht
auf den ersten Blick ähnlich aus. Aber das täuscht. Das verhält
sich ähnlich wie mit Pasta (siehe Seite 76), das ist eine kleine
Wissenschaft für sich. Viel hängt von der Form, der Größe, vom
Reifegrad und vor allen Dingen vom Geschmack ab!

Um Tomaten mit ordentlichem Geschmack zu finden, halte ich mich - wenn ich sie nicht aus meinem Garten haben kann - an Bio-Freiland-Anbau, und, wenn die Jahreszeit Freiland nicht zulässt, zumindest Bio. Die kommen dem Geschmack einer guten Tomate am nächsten.

Zubereitung:

Die Tomaten waschen und halbieren und mit der aufgeschnittenen Seite nach oben eng in eine Auflaufform stellen.

Die Rosmarinnadeln mit einem Wiegemesser sehr klein hacken. Mit dem geriebenen Parmesan, etwas Olivenöl und groben Pfeffer vermengen. Über die Tomaten streuen.

Bei 180 Grad im Ofen ca. 25 - 30 Minuten backen. Die Tomaten sollten leicht runzelig sein, aber die Form bewahren.

Vor Servieren noch etwas kaltes Olivenöl darüber geben. Nicht vorher, damit die Vitamine im Öl erhalten bleiben.

Melanzane al pomodoro – Auberginen-Tomaten-Gemüse (herzhaft)

Zutaten für 4 Personen:

1 große Aubergine
50 ml Öl
1 Knoblauchzehe
1 Dose Tomaten (gewürfelt) oder frische Tomaten
Etwas Hühnerbrühe-Pulver
Frische Petersilie

Was ich dazu noch sagen wollte ...

Dieses Gemüse ist wieder so ein Gericht, das ich dir ans Herz legen möchte, weil man es so vielseitig einsetzen kann. Es eignet sich hervorragend dazu, es ein paar Tage im Kühlschrank aufzubewahren. Zum Beispiel kann man es warm als Beilage zu Fisch oder Fleisch servieren, am nächsten Tag kalt als Antipasto und danach - falls noch immer etwas übrig ist - gerne mit *Penne* mischen und als ersten Gang servieren.

Bevor du aber beginnst, und falls du die Rezepte nicht der Reihe nach ausprobierst, bitte ich dich, meine Hinweise zu Auberginen im Rezept „Fette di Melanzane – Auberginentaler" zu lesen. Ich möchte mich ungern wiederholen.

Zubereitung:

Die Aubergine in Würfel schneiden (ca. 0,5 cm). In einen Topf geben und mit wenig Wasser andünsten, bis die Würfel glasig sind, aber noch die feste Form bewahren. Sie dürfen nicht matschig sein.

In ein Sieb geben und zugedeckt (sollte warm bleiben) gut abtropfen lassen. Das ist wichtig, weil das Gemüse sonst zu wässrig ist und auf dem Teller Flüssigkeit hinterlässt. Das ist unschön und schmeckt nicht.

Den überflüssigen Saft der Tomatendose ebenfalls ein wenig abgießen. Die Tomaten sollten gewürfelt sein und mit dem Saft eine gute Konsistenz haben. Bitte keine Fertigsauce!

Noch besser ist es freilich, frische sonnengereifte Tomaten zu verwenden. In diesem Fall die Tomaten in kochendem Wasser kurz abschrecken und schälen. Dann die Kerne und den flüssigen Innenteil auskratzen. Das Fleisch der Tomaten in Würfel schneiden und in einem Topf dünsten, bis die Masse die oben beschriebene Konsistenz aufweist.

Tomatenmasse, Auberginen, zerdrückte Knoblauchzehe, eine gute Portion gehackte Petersilie und Öl mit einer Prise Hühnerbrühe-Pulver und etwas Pfeffer vorsichtig vermischen. Falls die Masse zu sehr abgekühlt ist und warm serviert werden soll, nochmals kurz wärmen. Aber vorsichtig umrühren, sonst verlieren die Würfel ihre schöne Form und das Gemüse wird zu matschig!

Melanzane al forno –
Auberginen überbacken (herzhaft)

Zutaten für 4 Personen:

4 kleine Auberginen
3-4 Packungen Bio-Mozzarella (schmeckt besser)
2 Fleischtomaten
1 Bund frische Petersilie
Etwas frisches Basilikum
1 Knoblauchzehe
Olivenöl
Etwas Salz

Was ich dazu noch sagen wollte …

Eine Beilage, die man im Ofen aufwendig zubereiten muss? Wie unpraktisch. Halt! Weiterlesen!

Lass dir etwas von einem alten Meisterkoch verraten: Das muss es nicht sein. Wie in diesem Fall, kannst du alles in Ruhe vorbereiten und während du mit deinen Gästen das *Primo* verspeist, bäckt die Beilage im Ofen ganz alleine. Denn 50 Minuten lassen euch reichlich Zeit zum Essen und plaudern. Was meinst du, warum diese Ofen-Gerichte so entstanden sind? Na, weil unsereins auch mal Zeit brauchte, um etwas anderes nebenher zu tun. Außerdem reicht man zu so einer Beilage einfach gegrilltes oder natur-gebratenes Fleisch, also in jeden Fall kurzgebraten und eher „nüchtern" und mit wenig Aufwand zuzubereiten.

Vegetarier servieren dies auch als Hauptgang zusammen mit ei-nem Salat und/oder Kartoffeln. Wenn Lisas Freundin Vittoria zu Besuch kommt, greife ich oft auf diese Variante zurück, denn sie behauptet steif und fest, Vegetarierin zu sein. Sie handhabt das zwar stets sehr flexibel, aber das ist eher ihre italienische Art die Dinge zu interpretieren und großzügig nach Bedarf auszulegen als ein bewusster Akt. Das hat bei ihr also nicht unbedingt etwas zu bedeuten und sollte mich nicht dazu verleiten, einen Monolog über Vegetarier zu führen … .

Zubereitung:

Die Auberginen waschen und der Länge nach einschneiden (nicht abschneiden!) in ca. 6-8 und 0,5 cm dicke Scheiben, sodass die Frucht aufgefächert werden kann und am oberen Ende noch gut zusammenhält. Etwas Salz zwischen die geöffneten Scheiben streuen, ziehen und das Wasser abtropfen lassen.

Wenn die Aubergine etwas ausgewässert ist, Tomaten und Moz-zarella in Scheiben schneiden und jeweils 1 Scheibe zwischen die Fächer legen.

Petersilie, Basilikum, Knoblauch fein hacken und mit etwas Salz und Pfeffer vermengen.

Die so angerichteten Auberginen auf ein Backblech legen und mit der Kräutermischung gut überstreuen. Etwas Olivenöl darüber träufeln. Bei 180 Grad für 50 Minuten backen. Kurz vor Servieren nochmals etwas frisches Olivenöl darüber geben.

Zucchine –
Zucchine-Gemüse (mild)

Zutaten für 4 Personen:

8-10 kleine bis mittelgroße Zucchine
Etwas Butter
Frische Petersilie

Was ich dazu noch sagen wollte ...

Gleich mal eins vorneweg, endlich kann ich das anbringen! Darauf habe ich schon lange gewartet. Es heißt nicht „Zucchini", sondern *Zucchine*! Weiß Jupiter, warum sich das in Deutschland so falsch eingebürgert hat. Aber man hört ja auch *„uno momento"* überall in Deutschland und da dreht es auch jedem Italiener die Ohren ab. Das heißt nämlich *„un momento!"* Aber nun ja, dafür isst man in

Italien *pizza con wurstel*[72] und ich vermute, dass das für Deutsche eine ziemlich grausige Vorstellung sein muss.

Und, ich gebe es zu, das hier ist kein alt überliefertes Rezept aus römischen Tagen und auch kein altes, traditionelles Rezept Italiens. Das kann ich niemandem weißmachen. Die *Zucchine* wurden ja quasi erst vor kurzem „erfunden", das heißt gezüchtet, aus Gartenkürbis, wenn es auch ein Italiener war. *Zucchine* heißt ja nichts anderes als „kleine Kürbisse"[73].

Anmerken sollte ich in diesem Zusammenhang auf jeden Fall aber noch etwas: Wenn eine *Zucchina* bitter schmeckt, sollte sie auf keinen Fall verzehrt werden! Denn dann ist sie giftig. Und auch, wenn im Garten oft sehr große Exemplare mit Stolz präsentiert werden, der Koch freut sich darüber in der Regel nicht.

Zucchine werden in Italien mit Vorliebe sehr klein geerntet, maximal in mittlerer Größe. Sie haben nämlich einen sehr intensiven, milden Geschmack und sind knackig. Je größer die *zucchina* wird, umso mehr verliert sie dieses. Also: zu den kleinen greifen!

Zubereitung:

Bei diesem Gemüse sollte eben dieser intensive Geschmack nicht verfälscht werden, indem man kräftige Gewürze und Sonstiges dazugibt. In der Regel ist es eine Beilage zu einem zweiten Gang, der die Geschmacksrichtung sowieso bestimmt.

Die gewaschenen *Zucchine* ungeschält, mit dem Gurkenhobel in feine Scheiben schneiden. Mit ausreichend Butter in einer großen Pfanne kurz andünsten. Vorsichtig wenden, damit es nicht matscht. Das Gemüse sollte ein klein wenig glasig und unbedingt noch *al dente* sein. Etwas frische Petersilie zugeben. Das ist schon alles.

---

[72] Wurst-Pizza
[73] Ital: zucca = Kürbis, zucchina = kleiner Kürbis, zucchine = kleine Kürbisse

Buccia di patata fritte -
Knusprige Kartoffelschalen (herzhaft)

Zutaten für 4 Personen:

Schalen von 1,5 kg Kartoffeln
Etwas Olivenöl
Salz und/oder Chilipulver

Was ich dazu noch sagen wollte ...

Nein. Das ist kein typisch italienisches Gericht. Es ist auch keine
Feinschmecker-Leckerei. Das will ich gar nicht behaupten. Als
alter Penato habe ich aber auch schlechte Zeiten erlebt. Mir blieb
ja nichts anderes übrig als alles mitzumachen, was die Menschen
so anrichteten. Und sie richteten gar ziemlich viel Unfug an im
Verlauf der Geschichte. Darauf kann ich an dieser Stelle aber nun

nicht eingehen, denn eine Enzyklopädie würde nicht ausreichen, um alles Ungemach aufzuzählen. Jedenfalls macht die Not erfinderisch und aus solchen Notphasen sind viele leckere Rezepte entstanden. So auch dieses hier.

Es ist mein ganz persönliches Geheimnis und dazu ein sehr erfolgreiches, möchte ich behaupten. Jedenfalls in unserer Familie. Lisa und Marco lieben diese knusprigen Schalen und wenn ich sie zubereite, stibitzen sie sie schon immer aus der Pfanne.

Was die meisten Menschen in der Küche also achtlos entsorgen, kann eine ausgefallende Beilage zu einem zweiten Gang sein. Und ich kann dir verraten, dass dieses *contorno* auch bei Freunden der Familie hoch im Kurs steht!

Zubereitung:

Ich gehe davon aus, dass du mit den Kartoffeln anderes anzufangen weißt. Deshalb gehe ich hier nicht weiter darauf ein. Es gibt genügend Rezepte dafür.

Jedenfalls musst du die rohen Kartoffeln mit der rauen Seite eines Schwammes sehr gut abschrubben und dünn schälen. Die Schale gekochter Kartoffeln eignet sich aber ebenso, wird sogar noch knuspriger, da noch dünner.

Die Pfanne reibst du mit ein wenig Olivenöl ein und brätst die Schalen sehr langsam bei mittlerer Hitze an. Nicht zu heiß werden lassen, da sie sonst verkohlen und verbrannt schmecken. Du kannst sie länger auf niedriger Hitze warmhalten, etwas Salz (und, wenn es passt) Chilipulver darüber geben und dann frisch und heiß als Beilage servieren.

Ich stelle sie immer in einer Schüssel in die Mitte des Tisches. Jeder kann sich da bedienen.

Peperoni all'olio basilico –
Paprika mit Basilikum-Öl (mild)

Zutaten für 4 Personen:

3 sehr große Paprika von diversen Farben (oder 6 kleinere)
150 ml Olivenöl
1 Bund frisches Basilikum
Etwas Pfeffer/Salz

Was ich dazu noch sagen wollte …

È vero[74]. Auch dieses Gemüse wuchs nicht auf alten Traditionen der Römer. Wie die Tomate, die Kartoffel und vieles andere brachte Columbus auch diese Frucht nach Europa. Aber da die Reichen und Noblen den geschichtenumwobenen Pfeffer der Seidenstraße suchten, das Gewürz, das einen so langen Weg hinter sich bringen musste und deshalb sehr teuer war, lehnten sie die scharfe, kleine Paprika ab. Das war ihnen nicht edel genug. Die bescheidene Paprika, die sich mit jedem anspruchslosen Garten zufrie-

---

[74] Ital. Das ist wahr.

dengab, beflügelte weder die europäische Fantasie, noch eignete sie sich für lukrativen Handel. Wer damals gehofft hatte, mit Paprika reich zu werden, wurde enttäuscht. Die Paprika sank hinab zum ‚Gewürz für die Armen' und es waren eben jene, die sie nutzten, um ihre einfache, vornehmlich vegetarische Küche aufzubessern. Du ahnst es: Meine Familie zählte damals - ich gebe es zu, notgedrungen - nicht zu den Hochnäsigen, wenn ich auch vorher und nachher andere Zeiten erlebt habe. Ich durfte deshalb die Paprika im Garten anbauen und habe auch Rezepte ausgetauscht.

Übrigens: Die unterschiedlichen Farben sind nichts anderes als der Reifegrad. Eine „normale" Paprika ist erst grün, dann gelb und schließlich rot. Aber das weißt du bestimmt schon. Was erzähle ich da?

Zubereitung:

Du solltest das Öl am Vortag bereits einlegen, damit es gut durchziehen kann. Dafür hackst du den Bund Basilikum klein, vor allen Dingen die Stängel. Denn die geben den Geschmack. Mit dem Öl verrühren und über Nacht an einem kühlen und dunkeln Ort abgedeckt ziehen lassen.

Am nächsten Tag das Basilikum absieben (du kannst es noch immer für eine Tomatensauce oder ein Pesto verwenden) und das Öl zur Seite stellen.

Die Paprika waschen, von den Kernen befreien und der Länge nach in sechs Teile schneiden. Auf ein Backblech mit Backpapier nebeneinander schichten. Bei 180 Grad ca. 20-30 Minuten backen. Das Gemüse sollte durch sein, aber noch Biss haben. Wenn die Haut der Paprika leicht runzelig wird, ist es fertig. Nicht zu lange im Ofen lassen, da das Gemüse sonst matschig wird! In eine flache Schale oder auf eine Platte schlichten, sodass die Farben abwechseln und die Außenseite immer nach oben schaut (das

Auge isst mit). Etwas frischen Pfeffer und Salz darüber geben und das Basilikum-Öl darüber gießen.

Dieses Gemüse eignet sich als Antipasti, aber auch als Beilage zu einem zweiten Gang und kann mehrere Tage im Kühlschrank aufbewahrt werden.

Altri Contorni –
Weitere Beilagen

Da du manche meiner Rezepte sowohl als *contorno* als auch als einen anderen Gang reichen kannst, findest du in dieser Tabelle weitere Rezepte, die als *contorno* geeignet sind, jedoch in einer anderen Kategorie gelistet sind.

Rezept	Wo findest du das Rezept	Seite
Mostarda zu Fleisch	Allgemeine Rezepte	36
Spinatsalat	Antipasti	64
Zucchine essiccate	Antipasti	58
Pomodorini stufati	Primo: Spaghetti Massimiliano (Die Tomaten)	91

Grundsätzlich können Kartoffeln und Buttergemüse aller Art immer als Beilage gereicht werden.

Dolce –
Dessert

Eine üppige Buttercreme-Torte wirst du in Italien kaum als Dessert auf der Karte finden. Als letzten Gang kann das auch keiner mehr ernsthaft verspeisen - es mag Ausnahmen geben, aber mit denen wollen wir uns jetzt nicht beschäftigen.

Wie schon eingangs erklärt, ist es bei der Zusammenstellung des Menüs wichtig, dass die Geschmackslinie (mild vs. herzhaft) und der Gehalt (üppig vs. leicht) im Auge behalten werden sollte.

Das bedeutet, dass du auch das Dessert entsprechend des Gehalts deines Menüs wählen solltest. Tendenziell ein leichtes Dessert, wenn das Menü selbst üppig war. Hingegen darf das Dessert etwas üppiger ausfallen, wenn das Menü leicht war.

Du wirst auf der Speisekarte in italienischen Restaurants oft Torten und Kuchen unter Dessert finden. Diese werden in Italien nämlich entweder zum Cappuccino-Frühstück oder als Nachtisch verzehrt. Der „deutsche und österreichische Nachmittagskaffee" mit Sahne- und Buttercremetorte hat in Italien weniger Tradition. Deshalb sind die *torte* auch weniger üppig.

Im Übrigen - solltest du darauf noch nicht geachtet haben - wird dir in einem Lokal auffallen, dass auch die Preise in der Karte einer Regel unterliegen. Das ist nämlich so: Der erste Gang muss unbedingt der günstigste sein. Der zweite darf dann etwas mehr kosten und beim Dessert achtet der Gast schon nicht mehr drauf und da wird kräftig zugelangt. Aber dafür bekommt man dann auch hausgemachten Nachtisch mit guten Zutaten! Ein Restaurant, das etwas auf sich hält - und das kann auch die kleine Trattoria des Dorfes sein - würde dir niemals eine fertige Nachspeise aus Industrieproduktion anbieten.

Salame di cioccolato – Schokoladen-Salami

Zutaten für 1 Salami:

200 g Vollkorn-Kekse
200 g Butter (keine Margarine!)
50 g gemahlene Mandeln
100 g dunkle Schokolade 70-80 % (leicht gezuckert)
80 g dunkles Kakaopulver
1 Schnapsglas Rum
Etwas Puderzucker
Alufolie oder Backpapier

Was ich dazu noch sagen wollte ...

Dieser Nachtisch ist Marcos Lieblingsdessert. Auch, wenn das Rezept auf den ersten Blick recht üppig erscheinen mag, ist es das letztendlich nicht. Denn man isst davon jeweils nur wenig. Also keine unnötige Sorge vor Kalorien. Außerdem ist heute hinlänglich bekannt, dass dunkle Schokolade direkt gesund ist. Und dunkle Schokolade ist der Hauptbestandteil dieses Rezepts. Ich möchte es dir aber aus anderen Gründen besonders empfehlen. Die Salami eignet sich nämlich hervorragend zum Lagern und damit als Reserve für Notfälle - wenn man keine Zeit hat, auch noch einen Nachtisch zu zaubern oder etwas schiefgegangen ist. Die Salami bleibt im Gefrierfach und man schneidet einfach ein paar Scheiben davon ab. Ich würde sogar raten, sie zwei Tage vor Servieren zuzubereiten, denn sie schmeckt noch besser, wenn sie durchgezogen ist. Das hat mir schon oft aus der Patsche geholfen, so auch, als Lisas Eltern überraschend eines Tages vor der Tür standen und sie nichts im Haus hatte. Sie konnte von Glück sagen, dass sie mich hatte und ich die Salami in Kühlschrank.

Es reichen max. 1-2 Scheiben der Salami pro Person. Das schmeckt wie eine Praline. Du wirst staunen! Übrigens: Kinder lieben es, Schoko-Salami herzustellen.

Zubereitung:

Die Schokolade in einer Tasse im Wasserbad langsam schmelzen.

Die Kekse in einer Schüssel zerbröseln, bis sie kleine Brocken von ca. 0,5 cm aufweisen.

Die Butter in Stücke schneiden, mit den Mandeln, dem Kakaopulver und dem Schnaps mit dem Handquirl verrühren. Die geschmolzene Schokolade zugeben und weiter schaumig rühren. Wem die Masse nicht süß genug ist, der kann noch etwas Puderzucker zugeben.

Dann die Creme in die Schüssel mit den Keksen geben und mit einem Teigschaber vorsichtig verrühren.

Die fertige Masse so auf ein Blatt Alufolie oder Backpapier verteilen, dass du daraus eine lange Wurst von ca. 6-7 cm Durchmesser rollen kannst. Vorsichtig einschlagen und rund und lang rollen. An den Enden verschließen.

Die Wurst im Kühlschrank 2 Stunden kaltstellen. Vor dem Servieren schneidest du jeweils 1-2 Scheiben pro Person - auch diese nur max. 0,5 cm dick - davon ab. Dazu kann man hervorragend auch den Kaffee schon reichen.

Isola Galleggiante –
Schwimmende Insel

Zutaten für 4 Personen:

6 Eier
80 g Zucker
2 Esslöffel Puderzucker
0,6 Liter frische Milch
1 Vanillestange
Etwas Karamell-Sirup

Was ich dazu noch sagen wollte ...

Nun muss ich mich doch glatt selbst korrigieren. Wenn ich immer
wieder mal „moderne Zeiten!" beklage, dann hat das meistens mit
dem Verlust von irgendetwas zu tun, das ich in meiner langen
Vergangenheit sehr geschätzt habe. Doch diesmal muss ich sogar
zugeben, dass diese modernen Zeiten auch das eine oder andere
Gute hervorbringen.

Bei diesem Rezept verrate ich dir nämlich eine Zubereitungsart,
die in der Vergangenheit wesentlich aufwendiger war. Traditionell
musste man nämlich den Eischneeberg in diesem Dessert sehr
langsam in Milch erhitzen, auf dass dieser allmählich größer wurde. Das war eine langwierige Sache und manchmal gelang es
auch nicht und dann war alles für die Katz - auch, wenn das in

meinem Fall ein unpassendes Sprichwort ist. Denn ein misslungenes Dessert werde ich genauso wenig schätzen wie du.

Jedenfalls verrate ich dir den Trick der modernen Technik bei dieser Zubereitung. Und damit wird es dir immer mit Garantie gelingen! Zumindest der Schneeberg.

Was die *Crema Inglese* betrifft (so nennt man nämlich die Vanillesauce aus Eigelb, ohne Stärke zubereitet!), ja, das ist nochmal eine andere Sache. Die kann auch noch schiefgehen. Da kann es nämlich vorkommen, dass die Sauce nicht eindickt. Jupiter allein weiß warum! Vielleicht weil die Hühner keine glücklichen waren. In so einem Fall hilft es, zu etwas Stärke zu greifen - auch, wenn das ein Frevel ist und du diesen Hinweis bitte nicht von mir hast!

Immerhin wird deine Mühe belohnt werden, denn dieser leichte Nachtisch hat es in sich! Ich habe noch niemanden getroffen, dem die *Isola Galleggiante* nicht gemundet hat.

Zubereitung:

Eigelb und Eiweiß wie folgt trennen:

6 Eigelb in eine kleine Schüssel geben.
4 Eiweiß in einen luftdichten Behälter im Kühlschrank kühlen.
2 Eiweiß werden nicht gebraucht.

Die Vanilleschote auskratzen und mit einer Gabel die Körner und den Zucker mit dem Eigelb verrühren.

In einem kleinen Topf die Milch erhitzen und die Eigelbmasse unter ständigem Rühren nach und nach hineingeben. Weiter rühren, bis die Masse cremig wird. Wenn sie eine dickflüssige Konsistenz hat, zum Abkühlen auf die Seite stellen. Immer wieder kurz umrühren, damit sich keine Haut bildet.

Das Eiweiß mit dem Quirl steif schlagen. Den Puderzucker zugeben. Die Masse in einem Teil in einen tiefen Teller stürzen. Wenn die Form dabei etwas verloren geht, ist das nicht tragisch. Die Eiweißmasse nun exakt 30 Sekunden in die Mikrowelle geben.

Inzwischen die Vanillesauce auf vier Dessertgläser gleichmäßig aufteilen.

Die Eiweißmasse hat ihr Volumen in der Mikrowelle beinahe verdoppelt. Sie ist jetzt leicht warm und schnittfest. Nun mit einem großen Löffel in vier gleichgroße Portionen abstechen und jeweils ein großes Stück davon in ein Glas auf die Sauce geben.

Ein paar Tropfen Karamellsirup darüber geben. Fertig.

Torta di mela –
Apfel-Torte

Zutaten:

200 g Mehl (für Weizenvollkornmehl 180g)
100 g Butter (keine Margarine!)
1 Esslöffel Puderzucker
1 gestr. Teelöffel Backpulver
1 Schnapsglas Fruchtlikör
Salz
1 kleines Glas Apfelmus
2-3 Äpfel
Etwas Zimt-Zucker-Gemisch
1 flache Kuchenform (Obstkuchen)

Was ich dazu noch sagen wollte ...

Ich habe lange überlegt, welchen meiner Schätze ich hier noch ausgraben soll. Schließlich habe ich mich für dieses hier entschieden, da es ein leichtes Rezept ist - sowohl in der Herstellung, als auch der Verdauung.

Um es gleich vorneweg zu sagen: Das ist *keine* Torte, auch wenn der italienische Name dich zu diesem Irrtum verleiten könnte. Es ist auch kein Kuchen im deutschen Sinne. Es handelt sich hier um ein Dessert.

Man lässt die *torta* auch in der Form und verteilt sie vor dem Servieren direkt, in großzügige Stücke geschnitten (die *torta* ist sehr dünn!) auf Dessertteller. Dazu kann man Espresso reichen.

Zubereitung:

Der Teig

Die Butter in kleine Stückchen schneiden. Mehl, Backpulver, Puderzucker, eine Prise Salz und den Likör mit den Knethaken des Handrührgerätes vermischen. Wenn der Teig einen Klumpen gebildet hat, auf der bemehlten Tischplatte ca. 0,5 cm dick rundlich ausrollen.

Die Backform umgekehrt auf den Teig legen und mit dem Messer rund herum ausschneiden. Die Form beiseitelegen. Mit einem großen, flachen Messer vorsichtig von der Platte heben und in die flache Kuchenform geben. In die Form drücken. Dabei kannst du mit dem Restteig mögliche Löcher flicken und den Rand mit einem Messer begradigen. Das sieht man später alles nicht mehr. Solltest du keine flache Kuchenform besitzen, geht auch eine Springform, bei der du dann den Rand nur ca. 1 cm hoch mit Teig gestaltest.

Der Teig wird nun auf 160 Grad Umluft oder 180 Grad Normalhitze kurz angebacken, ca. 5 Minuten.

In dieser Zeit kannst du schon mal die Äpfel schälen und entkernen, vierteln und dann in feine Lamellen schneiden.

Der Belag

Die Form aus dem Ofen nehmen und den Boden mit mehreren Löffeln Apfelmus bestreichen, so dass der Boden dünn bedeckt ist. Darauf nun die Apfel-Lamellen in Kreisform überlappend anordnen, von außen nach innen.

Falls der Rand deines Teigs eher dünn ist, mit Alufolie abdecken. Das Ganze nochmals für 30 Minuten in den Ofen, bis die Apfellamellen durchgebacken sind. Etwas Zimt-Zucker darüber streuen.

Abkühlen lassen. Fertig.

Torta di limone – Zitronen Torte

Zutaten:

<u>Für den Teig:</u>

200 g Mehl (für Weizenvollkornmehl 180g)
100 g Butter (keine Margarine!)
1 Esslöffel Puderzucker
1 gestr. Teelöffel Backpulver
1 Schnapsglas Fruchtlikör
Salz

<u>Für die Füllung</u>

2 Saft Zitronen
30 g Kartoffelstärke
300 ml Wasser
80 g Zucker
2 Eier
50 g Butter

Was ich dazu noch sagen wollte ...

Was ich über die Apfel-Torte gesagt habe, gilt selbstredend auf für dieses Rezept: Es ist ein Dessert. Nun könntest du daraus ableiten, dass grundsätzlich jeder Kuchen sich auch als Nachtisch eignet. *Mica!*[75] Aber ich wiederhole mich ungern. Deshalb verweise ich an dieser Stelle auf meinen Diskurs eingangs dieses Kapitels zum Dessert.

Zubereitung:

Der Teig

Siehe Rezept Apfel Torte. Den kalten Teig ausrollen und in eine flache Form drücken. Den Rand dabei leicht überstehen lassen, mit einer Gabel etwas festdrücken. Das sieht nett aus und hält den Rand beim Backen. Den Boden mehrmals mit der Gabel einstechen. Den Boden bei 180 Grand 15 Minuten goldbraun backen.

Die Füllung

Zitronensaft, Stärke, Wasser und Zucker glattrühren und langsam unter ständigem Rühren erhitzen. Wenn die Masse klarer geworden und dick cremig ist, umfüllen in eine Schüssel. *Attenzione:* Die Masse muss wirklich dick cremig sein, wie ein Pudding, sonst wird sie später nicht fest.

Die verquirlten Eier unterrühren und dann auch die Butter unterrühren, bis alles eine glatte Creme ergibt. Im Kühlschrank min. 4 Stunden kaltstellen.

Die *torta di limone* kann danach auch noch mit einem Baiser-Topping (Eischnee mit etwas Zucker) versehen werden, das du nur kurz in den Ofen gibst zum Überbacken, bis die Decke leicht goldbraun ist, innen aber noch weiß und weich. Alternativ eignen sich auch kleine Baiser-Tupfer, die man entweder fertig kauft oder selbst macht (Eischnee mit Puderzucker getrocknet bei 50 Grad).

---

[75] Ital: kaum

Torta chioccolata senza farina – Schokoladentorte ohne Mehl

Zutaten für 12-16 Portionen

300 g dunkle (ungesüßte) Bitter-Schokolade
170 g Butter (keine Margarine)
100-150 g Zucker (nach Geschmack, bei ungesüßter Schokolade)
4 Eier
90 g dunkles Kakaopulver (ungesüßt)
1 Teelöffel Backpulver
Etwas Rum

Was ich dazu noch sagen wollte …

Wenn ich es auch schon mehrfach gesagt habe, hier muss ich es einfach wiederholen: Das ist kein Kuchen. Es ist ein Dessert.

Denn diese Schoko-Torte hat einen so intensiven Kakao-Geschmack, dass ich sie beinahe als Praline bezeichnen möchte. Man muss sie nicht einmal mit Sahne servieren, alleine (mit etwas Puderzucker zur farblichen Abrundung) macht sie sich auch ganz hervorragend.

Marco und Lisa lieben diesen Nachtisch, besonders wenn wir unter uns sind, weil wir dann tagelang genießen können. Wenn wir neue Gäste haben (solche, die meine Kochkünste noch nicht kennen), ist deren Reaktion immer dieselbe: Nach dem ersten Bissen halten sie inne, schauen auf und sind ganz verzückt von der Geschmacksexplosion auf ihrer Zunge. Du wirst das bei deinen Gästen auch beobachten, du wirst schon sehen!

Bevor wir nun zur Zubereitung kommen, noch ein kleiner Hinweis. Falls die Bitter-Schokolade, die du verwendest, bereits gesüßt ist, solltest du die Menge Zucker reduzieren. Lisa und Marco bevorzugen dieses Dessert mit wenig Zucker zubereitet, ich verwende deshalb sogar nur 75 g. Aber das ist Geschmackssache und mag nicht jedem liegen. Unabhängig davon, solltest du mit dem Zucker jedenfalls vorsichtig sein, falls die Schokolade bereits gesüßt ist. Auf keinen Fall darf es nämlich *zu* süß werden! Das verdirbt den Geschmack. Und:

Die Torte kannst du gut schon einen Tag vorher zubereiten und sie hält sich theoretisch auch mehrere Tage. Praktisch ist das bei uns nie der Fall, denn es bleibt selten etwas übrig.

Zubereitung:

Eine 24 cm Springform etwas anfeuchten und mit Backpapier so auslegen, dass so wenig wie möglich Falten entstehen. Dafür das Papier einfach andrücken und mit den Fingern die Falten flachziehen. Wenn das nicht perfekt ist, ist das kein Problem.

Butter und Schokolade im Wasserbad schmelzen, bis alles flüssig ist. Etwas abkühlen lassen.

Währenddessen die Eier mit dem Zucker schaumig schlagen, bis eine cremig-luftige Masse entstanden ist.

Dann die flüssige Schoko-Buttermasse Löffel für Löffel vorsichtig unter die Creme heben, bis alles eine gleichmäßige Masse ist. Das Ganze ist noch ziemlich flüssig. Keine Sorge, das muss so sein.

Nun erst das Kakao-Pulver mit dem Backpulver und einem Schuss Rum unterheben. Jetzt sollte die Masse etwas fester werden und einen dunklen, etwas klebrigen Glanz bekommen. Dann hast du alles richtig gemacht.

Die Masse in die Springform geben und glattstreichen. Bei 180 Grad 25-30 Minuten backen. Abkühlen lassen und erst dann anschneiden.

Die Sahne kurz vor dem Servieren aufschlagen. Die Stücke relativ klein schneiden, da diese Torte es in sich hat!

Hmmm...

Sbrisolona – Sbrisolona Krümeltorte

Zutaten:

100 g Mehl
100 g Maismehl, sehr fein
100 g Zucker
100 g Butter (keine Margarine!)
90   g gemahlene Mandeln
7-8 ganze Mandeln mit Schale
1 Eigelb
ein paar Flocken ungespritzte Zitronenschale
etwas Vanille
eine Prise Salz
1 Glas Grappa

Was ich dazu noch sagen wollte …

Das Foto rechts ist irreleitend, sag ich dir! Es sieht zwar lecker aus und eignet sich als Schaubild, und - *se vuoi insistere*[76]*!* - auch so kann man Sbrisolona machen, aber ich sage dir: so wird Sbrisolona traditionell nicht serviert und auch nicht gegessen. Lass dich aufklären!

---

[76] Ital: wenn du darauf bestehst

Diese Spezialität aus Mantua, woher ich das Rezept habe - du erinnerst dich, ich hatte die Freundin der Prinzessin an anderer Stelle bereits erwähnt[77] - wird mit den Fingern zum *caffè* genascht. Und das geht so:

Die Torte wird auf einem Holzteller oder einem anderen unzerbrechlichen Untergrund auf den Tisch gestellt. Mit der Faust schlägt man leicht in das Zentrum der Krümeltorte (oder nimmt ein Messer zu Hilfe), sodass sie in viele ungleiche Stückchen zerfällt.

Dieses Ritual ist Teil des Nachtisches. Es kommt darauf an, wer die Ehre hat, die Torte zu zerstückeln und zu tränken. Denn nun kommt der Moment des Grappas!

Der wird nämlich an dieser Stelle darüber geträufelt. Die Gäste fingern sich zu ihrem Kaffee die Stückchen je nach Appetit vom Teller.

Zubereitung:

Der Teig ist denkbar einfach. Hier musst du eher beim Backen selbst achtsam sein.

Alle trockenen Zutaten in einer Schüssel gut vermischen. Dann Butter und Eigelb zugeben mit dem Quirl zu Krümeln verarbeiten.

2/3 der Krümel mit den Fingern in eine flache Form von 20-22 cm Durchmesser pressen. Dann die restlichen Krümel locker darüber verteilen und auch die ganzen Mandeln gleichmäßig dekorieren. Etwas Zucker darüber streuen.

---

[77] Mehr zur Prinzessin, siehe Rezept Risotto al radicchio

Der Backvorgang besteht aus drei Schritten:

1) Bei 180 Grad ca. 20 Minuten backen.

2) Dann die Temperatur auf 160 Grad senken und nochmals 15 Minuten goldbraun fertigbacken.

3) Die letzten 5 Min. nur Unterhitze geben, damit der Boden knusprig wird.

Sollten die Krümel oben schon vor der Zeit goldbraun sein, mit einer Alufolie oder Backpapier abdecken.

Die Sbrisolona sollte völlig abgekühlt sein, bevor sie serviert wird.

Pere croccante al forno –
Überbackene Knusper-Birnen

Zutaten für 6-8 Portionen

6 harte Birnen (säuerlich)
Geriebene Schale ½ Zitrone (ungespritzt)
Etwas Zitronensaft

20 g Mehl
20 g Haferflocken
30 g dunkler Rohzucker (keinen hellbraunen verwenden!)
25 g Butter
Etwas Salz
Etwas Zimt

Was ich dazu noch sagen wollte …

Auch, wenn im Titel nun Birnen genannt sind und das Bild auch
solche zeigt, es funktioniert auch wunderbar mit Sauerkirsche,
Pfirsich, Apfel oder Aprikose. Da es aber ein Dessert ist, das heiß
serviert wird, ist es ein Klassiker der kalten Jahreszeit. Kirschen
haben dann keine Saison.

Zubereitung:

Die Birnen schälen und mit dem Gurkenhobel in hauchdünne Scheiben schneiden. In etwas Zitronensaft baden, damit sie die Farbe bewahren und Säure aufnehmen. Gut abtropfen lassen und in eine kleine gebutterte Auflaufform schichten. Wer feuerfeste Förmchen besitzt, kann natürlich die Portionen bereits so zubereiten. Dazwischen immer wieder ein paar Zitronenflocken der geriebenen Schale streuen, oder im Mörser gemahlene Orangen- bzw. Zitronenflocken (siehe S. 29).

Die Butter mit Mehl, Haferflocken, Zucker und Gewürzen mit dem Handquirl zu Streuseln verarbeiten. Über die Früchte schichten.

Im Ofen bei 180 Grad ca. 30-35 Minuten backen. Die Birnen müssen weich sein und die Knusper-Decke dunkel-knusprig, aber freilich nicht verbrannt.

Falls du das Dessert in einer größeren Form zubereitest, in kleine Portionen schneiden und vorsichtig aus der Form auf die Teller heben. Es mag sich nicht so anhören, aber es ist ein sättigendes Dessert. Deshalb die Portionen nicht zu groß schneiden. Heiß servieren.

Wer möchte, kann dazu auch Schlagsahne anbieten. Das schmeckt an kalten Wintertagen besonders gut.

Crema della nonna – Großmutters Creme

Zutaten für 8 Portionen für …

… Vanille

½ Packung Nuss-
oder Vollkornkekse
Espresso-Kaffee

1/2 l Milch
Echte Vanille
2 Eier
4 Esslöffel Zucker
4 Esslöffel Mehl

Schokostreusel
oder Nüsse

… Schoko

½ Packung Nuss-
oder Vollkornkekse
Rum

1/2 l Milch
2 Essl. Kakao
2 Eier
4 Esslöffel Zucker
4 Esslöffel Mehl

Schokostreusel

… Orange

½ Packung Butter-
oder Vollkornkekse
Orangenlikör

1/2 l Milch
Vanille + Orangenflocken, gemahlen
2 Eier
4 Esslöffel Zucker
4 Esslöffel Mehl

Frische Orangen-
scheiben, Früchte

Was ich dazu noch sagen wollte ...

Dieses Rezept ist ein anderes sogenanntes Notfall-Dessert für alle Fälle. Lisa und Marco überraschen mich oft mit kurzfristigen Gästen, denen ich dann - hopplahopp! - etwas vorsetzen soll. Anscheinend denken sie, nur weil ich ein Penato bin, dass das für mich keine Herausforderung ist. Das ist es für jeden Koch! Man hält ja schließlich etwas auf seinen guten Ruf.

Dann ist Kreativität und Erfahrung gefragt. Pasta für ein *primo* hat man ja immer im Haus und einen kleinen zweiten Gang findet man auch noch im Kühlschrank, aber für ein aufwendiges Dessert bleibt dann oft keine Zeit mehr.

Dieses Rezept kannst du herrlich in verschiedenste Richtungen variieren: Vanille, Schoko, Orange, Pistazien und Nüsse oder mit Früchten, je nachdem, was du zu Hause hast. Wenn du z.B. Schokolade mit Mint-, Kokos,- oder Orangengeschmack verwendest, schmeckt es schon wieder gleich anders.

Ich habe dir drei Beispiele bei den Zutaten aufgelistet. Das Konzept ist denkbar einfach: Du musst nur bestimmte Zutaten jeweils ersetzen durch eine andere. Der Vorgang bleibt derselbe.

Zubereitung:

Zunächst schlichtest du die Kekse nebeneinander auf eine flache Platte oder Schale mit einem kleinen Rand. Dieser Rand sollte aber nicht zu hoch sein, weil es sonst zu kompliziert wird, die Portionen schön in Dessertschalen zu füllen.

Mit einem Esslöffel die Kekse - je nach Geschmacksrichtung mit Kaffee, Rum oder Likör - beträufeln. Die Kekse sollten gut getränkt sein, aber nicht in Flüssigkeit schwimmen.

Die *crema pasticcera*

Während du die Milch in einem kleinen Topf langsam erhitzt, rührst du Eier, Zucker und Mehl mit einer Gabel zu einer glatten Creme. Dann gibst du - je nach Geschmacksrichtung etwas Vanille, Kakaopulver oder frische oder zermahlene Orangenflocken - hinzu. Du kannst davon später noch nachgeben, wenn dir der Geschmack nicht intensiv genug ist.

Wenn die Milch gut warm ist, unter ständigem Rühren die Creme zugeben. Weiter erhitzen und ständig rühren, bis die Masse cremig fest wird. Vom Feuer nehmen und über die Kekse verteilen. Abkühlen lassen.

Mit einem nassen Messer in Portionen schneiden, sodass du diese vorsichtig mit einem Tortenheber so in Schälchen füllen kannst, dass die Oberfläche nicht zerstört wird und die Kekse unten sind.

Je nach Geschmacksrichtung deiner Kreation mit Schokostreusel oder Nüssen oder zerbröselten Baiser oder Keksen oder frischen Früchten garnieren. Und, je nachdem, welche Sorte Schokolade du verwendest, kannst du dem Rezept nochmal eine bestimmte Note damit geben. Deiner Kreativität und deinem Vorratsschrank sind keine Grenzen gesetzt, so lange du in der Geschmackslogik bleibst.

Übrigens: Diese *crema pasticcera* wird für viele Tortenfüllungen, Windbeutel, Frühstückshörnchen oder Desserts verwendet. Klassisch macht die Creme aus jedem einfachen Obstkuchen eine feine Torte. Einfach unter das zu belegende frische Obst schichten.

Budino freddo al caffè –
Eisgekühlter Kaffee-Pudding

Zutaten für 4 Personen:

4 Eigelb
400 ml Vollmilch
100 ml Espresso-Kaffee
50 g Zucker
50 g Stärke
1 Kaffeelöffel dunkles Kakaopulver (ungesüßt)

Was ich dazu noch sagen wollte ...

Wieso, wirst du jetzt sagen. Hattest du, lieber Massimiliano, Nachfahre der Penaten und großer Koch, nicht zu Beginn des Buches
groß und breit erklärt, Cappuccino nach dem Essen sei ein Frevel? Cappuccino nach dem Essen geht GAR NICHT! Und jetzt
das?

Der Widerspruch ist offensichtlich. Ich gebe es zu. Jedenfalls auf
den ersten Blick. Aber, das hier geht durchaus! Sehr gut sogar.

Es sieht zwar auf den ersten Blick genauso aus wie Cappuccino,
es ist aber kein Cappuccino. Es handelt sich hier um einen eisge-
kühlten Pudding mit Kaffeegeschmack. Ein leichtest *Dolce,* das
vor allem im Sommer sehr beliebt ist. Mit dem Dessert brauchst du

keinen Kaffee mehr, denn das Koffein ist ja da drin. Es sei denn, du bereitest den Pudding mit koffeinfreiem Espresso zu, geht auch. Aber der Witz dabei ist ja gerade der, dass man keinen heißen Kaffee trinken muss und trotzdem wach bleibt.

Das Rezept ist toll und gar nicht so schwierig. Du wirst sehen! Und du kannst es nach Belieben mit etwas stärkerem Kaffee oder mehr Kakaogeschmack zubereiten, die Farbe wird je nachdem heller oder dunkler. Du kannst es mit flüssiger oder geschlagener Sahne dekorieren oder sogar aufgeschlagene Milch darüber geben. Alles ist erlaubt.

Ja freilich, erinnert sehr an Cappuccino. Dann könntest du ja gleich doch bei der schlechten Angewohnheit bleiben und weiterhin Cappuccino nach dem Essen trinken? Glaub mir, das ist eine mühsame Diskussion, die du dir ersparen solltest. Damit wirst du in Italien keinen Erfolg haben. Es gibt Dinge zwischen dem sonnigen Himmel und der italienischen Erde die man nicht mit Logik ergründen muss. Ich habe das in meinen 2000 Jahren längst aufgegeben …

Zubereitung:

Als erstes machst du dir einen schönen, starken Espresso. Der darf ruhig etwas kräftiger sein als normal, denn je stärker du den Kaffee machst, umso kräftiger wird der Geschmack deines Desserts. Nicht zu sparsam damit sein, es wird ja mit viel Milch vermengt.

Den Espresso gibst du in die Milch. Milch und Kaffee sollten zusammen 500 ml ergeben. Wenn der Kaffee also etwas weniger oder mehr als 100 ml ergibt, die entsprechende Menge Milch einfach anpassen.

In einer Tasse vermischst du 8-10 Esslöffel der kalten Flüssigkeit mit der Stärke und dem Kakaopulver, bis alles aufgelöst ist und stellst die Tasse zur Seite. Den Rest der Flüssigkeit in einem Topf auf niedriger Hitze langsam zum Kochen bringen. Den solltest du im Auge behalten, kannst aber trotzdem weiterarbeiten.

Währenddessen schlägst du das Eigelb mit dem Zucker zu einer cremigen, festen Masse auf.

Wenn die Milch heiß ist, Löffel für Löffel der schaumigen Eimasse unter ständigem Rühren untermischen. Du solltest nun eine leicht schaumige, dickflüssige Masse ohne Klumpen haben. Du hast Klumpen? Macht nichts, weitermachen.

Dann auch den Stärkebrei aus der Tasse langsam hineinrühren und bei mittlerer Hitze und ständigem Rühren vermengen. Noch immer Klumpen? Weiterrühren.

Das Ganze nun 5-10 Minuten weiter unter ständigem (!) Rühren zum Kochen bringen, bis die Masse eine cremige Puddingkonsistenz hat - sollte ganz glatt und ohne Klumpen sein. Vom Feuer nehmen und etwas abkühlen lassen.

Ah! Du hast doch Klumpen? *Calma!*[78] Das passiert jedem Anfänger mit Pudding. Dann hast du wohlmöglich zu schnell erhitzt und zu wenig gerührt, oder die angerührte Stärke war nicht richtig aufgelöst. Aber keine Sorge, ich verrate dir einen Trick: Passiere den Pudding einfach heiß durch ein feines Sieb. (-.

Den Pudding in Gläser füllen und entweder gleich mit flüssiger Sahne abdecken, damit sich keine Haut bildet, oder die geschlagene Sahne später darüber geben, wenn die Masse etwas abgekühlt ist. Solltest du Milchschaum verwenden wollen, kannst du diesen erst kurz vor dem Servieren darüber geben. Den Pudding mindestens 4 Stunden sehr kaltstellen.

---

[78] Ital: Ruhe bewahren!

Altri Dolci –
Weitere Desserts

Da du manche meiner Rezepte sowohl als Antipasto als auch als Dessert reichen kannst, findest du in dieser Tabelle weitere Rezepte, die als *dolce* geeignet sind, jedoch in einer anderen Kategorie gelistet sind.

Rezept	Wo findest du das Rezept	Seite
Mostarda (mit Vanille- oder Pistazieneis)	Allgemeine Rezepte	Seite 36

A proposito:
Zitronen-Sorbet ist als leichtes Dessert beliebt, besonders im Sommer. Freilich kannst du das auch selbst machen. Ein schneller und einfacher Trick ist jedoch, das gefrorene Sorbet zu kaufen und mit einem guten Schuss Prosecco oder Wodka zu verquirlen und sofort zu servieren. Das kommt immer gut an!

Nachwort

Wenn du nun, nachdem du mich näher kennengelernt hast, wissen willst, wer genau meine Familie ist, wer diese Lisa und dieser Marco sind und wie es kam, dass sich die Deutsche in den italienischen Mann verliebte und wie genau ich da meine Finger im Spiel hatte, …

… dann wird dir die Lektüre der drei Romane vielleicht gefallen.
… dann komm mit nach Bologna!

Ich freue mich auf ein Wiedersehen!

Dein Massimiliano

Roman 1

Massimiliano
Dolce Vita auf leisen Pfoten

Illustrierte Ausgabe
ISBN-10: 3748166931
ISBN-13: 978-3748166931

Taschenbuch
ISBN-10: 1549894935
ISBN-13: 978-1549894930

Es scheint ein eigenwilliger, aber liebenswerter Kater zu sein, der sein neues Zuhause bei der deutschen Lisa sucht, die für ihre Firma drei Jahre in Italien arbeiten wird. Doch während die junge Frau nach ihrer Ankunft mit den ersten praktischen und kulturellen Unterschieden zu kämpfen hat, entpuppt sich das kluge Tier als römischer Hausgeist in Designeranzug und Sonnenbrille. Massimiliano verfolgt, ganz Kater, seine eigenen Ziele und setzt dabei, ganz Hausgeist, seine über zweitausend Jahre entwickelten Fähigkeiten geschickt ein, um Lisas Liebesleben nach seinem Gusto zu gestalten. Eine humorvolle Liebeskomödie in Italien mit spritzigen Dialogen über kulturelle Missverständnisse, in welcher ein eleganter Hausgeist als Kater im Designeranzug herumspukt.

Roman 2

Massimiliano
Verliebt in Bella Italia

Illustrierte Ausgabe
ISBN-10: 3748192924
ISBN-13: 978-3748192923

Taschenbuch
ISBN-10: 1983344311
ISBN-13: 978-1983344312

Die bis über beide Ohren verliebte deutsche Lisa ist mit ihrem neuen Leben und ihrer neuen Liebe in Bologna überglücklich, als eine geheimnisvolle Nachricht sie in den Süden des Landes in das einst durch den Vulkanausbruch verschüttete Pompeji lockt. Während sich dort die Ereignisse überstürzen und Lisa und der charmante *Carabiniere* Marco mit kulturellen Unterschieden in ihrer deutsch-italienischen Beziehung kämpfen, spinnt der *geist*reiche Kater Massimiliano seine Fäden, um die beiden in seine ganz eigenen Pläne zu verwickeln. Eine humorvolle Beziehungskomödie in Italien mit spritzigen Dialogen, in welcher ein eleganter Hausgeist als Kater in Designeranzug herumspukt.

Roman 3

Massimiliano
Rezept für Liebe piccante

Illustrierte Ausgabe
ISBN-10: 3749478368
ISBN-13: 978-3749478361

Taschenbuch
ISBN: 9781796650327

Endlich darf die deutsche Lisa nach dreimonatiger Trennung ihren italienischen Traummann wieder in die Arme schließen. Doch das verliebte Paar kann seine Frühlingsgefühle in Bologna kaum genießen. Eine Überraschung nach der anderen stürmt auf die beiden von deutscher und italienischer Seite ein. Selbst der *geist*reiche Kater Massimiliano kann dem Treiben nicht entkommen, obwohl er selbst gehörigen Anteil an manchem Durcheinander hat. Die frische Liebe wird ernsthaft auf die Probe gestellt. Eine humorvolle Beziehungskomödie in Italien mit spritzigen Dialogen, in welcher ein eleganter Hausgeist als Kater in Designeranzug herumspukt.

Ebenfalls erschienen von der Autorin:

Kleine Feigheiten
Wie wäre das Leben, wenn ...
ISBN: 9783751972895

Das Glück ist ein Miststück
Ein ironisch-psychologischer Roman
über Wendepunkte im Leben

Wie würde unser Leben verlaufen, wenn es die kleinen Feigheiten nicht gäbe? Diese Momente, in denen wir davor zurückschrecken zu tun, was richtig ist. Oder wir eine neue Erfahrung zulassen könnten, die uns weiterbringen würde? Wenn wir uns nicht aus einem Impuls heraus ab*schirmen* würden? Wenn wir immer und in jeder Lage überlegt und bewusst handeln könnten? Nicht aus abgewogenem Risiko, sondern aus dem schlichten Grund, den Mut aufbringen zu können, aus der eigenen Komfortzone zu treten. Dieses Buch ist eine Aneinanderreihung von Kurzgeschichten in den späten siebziger Jahren, zum Nachdenken und in sich gehen, über Personen, die unterschiedlicher nicht sein könnten und doch vieles gemeinsam haben.

Lissy ist als reife Journalistin glücklich wie noch nie. Da ereilt sie auf geradezu groteske Weise der Verlust ihrer großen Liebe. Ihre beiden Schwestern stehen ihr zur Seite, als sie entdecken, dass die Urne des Dahingeschiedenen vertauscht wurde. Lissy setzt alles daran, die Asche ihres Geliebten um jeden Preis zurückzuholen und gerät damit in ein riskantes Fahrwasser, das die drei Frauen vor immer mehr irritierende und spannende Situationen stellt. Lebenslange, gewohnte Verhaltensweisen scheinen vor diesen absonderlichen Konstellationen plötzlich nicht mehr zu funktionieren. Jede wird mit ihrem Selbst konfrontiert. Während Lissy sich der Trauer nur widerwillig und von den Umständen gezwungen schließlich stellt, muss sich ihre ältere Schwester Elena mit dem Verlust der Kontrolle über ihre Familie abfinden. Und auch Corinna, die Jüngste der Drei, muss erkennen, dass die für ihre Beziehung erbrachten Opfer Selbstbetrug sind. Es wird nötig, neue Wege zu gehen. Ein ironisch-psychologischer Roman mit hintergründigem Humor, über Wendepunkte im Leben, Glück im Unglück, die Konfrontation mit dem eigenen Selbst und bizarren Überraschungen.

Märchenwelt der Transaktionsanalyse

Psychologische Märchen und Erzählungen für Erwachsene zur Entwicklung der Persönlichkeit
ISBN: 978-3-7431-6319-5

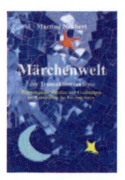

Diese Sammlung neuer Märchen in traditionellem Stil ist für alle Erwachsenen, die die Entwicklung der Persönlichkeit als einen nie abgeschlossenen Prozess betrachten. Die unterhaltenden Erzählungen basieren auf der Lehre der Transaktionsanalyse (TA) und vermitteln eine Botschaft, die der Leser auch ohne Kenntnisse der TA auf sich wirken lässt. Jede Geschichte ist in sich abgeschlossen. Doch sie fügen sich zu einem großen Gesamtbild zusammen, da sie in einem Königreich spielen und die verschiedenen Figuren in den Märchen immer wieder auftauchen. Die Erzählungen brechen auf sanfte Weise mit traditionellen Rollenvorbildern, ohne die Faszination der historischen Figuren zu verlieren.

Spiele der Tiere

Fabeln für Erwachsene zur Spiele-Theorie der Transaktionsanalyse
ISBN: 9783753435374

„Spiele der Tiere" ist eine Sammlung neuer Fabeln für Erwachsene nach der Spiele-Theorie der Transaktionsanalyse (TA). Die Geschichten sind leicht verständlich, kurz und in traditionellem Stil gehalten. Die Erzählungen behandeln ausschließlich das Thema der psychologischen Spiele nach Eric Berne (teilweise auch Gefühlsmaschen). Die Fabeln erzählen anschaulich und verständlich verschiedene Beispiele von typischen Maschen und Spielen Erwachsener, deren vorhersehbares, ungutes Ende, und auch, wie man aus dieser Dynamik aussteigen kann. Sie vermitteln auf diesem Wege eine Botschaft, die der Leser auch ohne Vorkenntnisse der TA auf sich wirken lassen kann.

Weiß der Kuckuck, wie der Hase läuft
Tiergeschichten für Kinder
über Streit und Versöhnung
(Für Kinder ausgewählte Fabeln der Transaktionsanalyse)
ISBN: 9783753463834

Warum transportiert ein Hai einen kleinen Hund auf seinem Rücken? Wieso will ein Papagei ein Nilpferd heiraten? Und wer hat überhaupt jemals ein fleißiges Faultier gesehen? In diesen Geschichten ist es aber so. Und das hat auch alles seinen Grund, auch wenn der nicht immer ein guter ist. Aber die Tiere sind schlau. Sie haben Ideen, obwohl es manchmal etwas dauert. Doch vielleicht hast ja auch du noch einen Einfall und kannst ihnen helfen?

„Weiß der Kuckuck, wie der Hase läuft" ist ein Kinderbuch zum Vorlesen oder selbst lesen. Die Fabeln erzählen von Streit zwischen verschiedenen Tieren, wie sie sich auch wieder versöhnen und aus den Ereignissen lernen. Die Geschichten eignen sich gut, um in Gruppen mit Kindern darüber zu diskutieren. Die Fabeln erzählen von Verantwortung für das eigene Verhalten. Die Geschichten sind speziell für Kinder ausgewählte Fabeln aus dem Sachbuch zur Spieletheorie der Transaktionsanalyse „Spiele der Tiere".